堀田陸斗君

日本人の誇り「武士道」の教え

いま、私たちが立ち返るべき哲学

志村史夫

志村史夫

JN230951

ワニブックス
|PLUS|新書

はじめに

日本は「戦後」、廃虚から復興以上の復興を遂げ、一時的にせよ、また過分にせよ「経済大国」と呼ばれるまでになりました。いずれにしても、二一世紀初頭のいまも、日本が物質的にきわめて豊かな国であることは間違いありません。これは、主に大正・昭和世代の日本人の、文字通りの献身的な努力と奮闘の賜《たまもの》です。

本来、〝衣食足りた〟日本人は〝礼節を知る〟はずでした。ところが、現代の日本人は、かつての日本人が確かに持っていた礼節を失ったばかりでなく、栄辱《えいじょく》の何たるかも忘れてしまったようです。また、かつて日本は〝恥の文化の国〟と呼ばれたこともありましたが、いまや恥を恥とも思わない日本人がいたるところで闊歩《かっぽ》しています。

もちろん、一般的にいえば、お金を持ち、物質的に恵まれることは〝よいこと〟です。それ故に、昔から「衣食足りて礼節を知る」といわれているのです。

それなのに、〝衣食足りた〟日本人が礼節も廉恥心《れんちしん》も失ってしまったのはなぜなのでしょうか。

私は、日本人の精神が、日本人が獲得した物質的豊かさのはるか後方に置き去りにされ、一層膨らまされた物欲の中に埋没してしまったからだと思います。要するに、「足るを知ること」を忘れてしまったのです。「知足の者は貧しといえども富めり、不知足の者は富めりといえども貧し」(『佛遺教経』)という言葉があります。現代の多くの日本人の一元的「物質的幸福観」は物質的欲望を果てしなく拡大し、まさに「不知足の者は富めりといえども貧し」という状態で、「物質・金」を執拗に求めた争い、不正が絶えず、「真の豊かさ」から遠のくばかりに思えます。

ところが、期せずして、日本人の底力、素晴らしさを見せてくれたのが二〇一一年の東日本大震災の時の日本人の行動でした。

平成二三年三月一一日に突然東日本全域を襲った大地震、津浪は「千年に一度」の大災害をもたらしました。さらに、福島原子力発電所大事故は、文字通り未曾有のことでした。

その「3・11」の直後、アメリカの旧友の何人かから被災者への「お見舞」メールが私に届いたのですが、いずれにも、世界の常識からすれば、状況的に暴徒化しても不思議ではない被災者たちがみんな整然と指示に従い、救援物資に対して譲り合っている姿に感動したことが書き添えられていました。そして、昔、私から聞いた日本人の正義、堅忍、慈悲の「武士道精神」のことを思い出した、とも書かれていました。私は、日本の政治家は限りなく私利私欲を求め、正義感に欠けていても、市井の日本人が「〝武士道〟の無意識的かつ無言の影響」を見せてくれたことを誇りに、また嬉しく思っていることをアメリカの旧友に伝えたのです。

あのような甚大な被害を受け、混乱する現地では、暴動や略奪などの犯罪行為が起こるのが世界の〝常識〟ですし、事実、いままでに、そのような映像が世界中から何度も送られてきています。しかし、東日本大震災の被災地の住民たちが支援物資に対し「お先にどうぞ」「いいえ、私は大丈夫です」という譲り合いの精神を忘れずに対応し、怒号が飛び交うこともなかったことに、世界の人たちが感動し、賞讃の声を惜しまなかったのです。

韓国の「中央日報」は「こうした冷静な行動は、他人への『迷惑』を避けようとする独自の文化によるもの」と報道し、中国の「新京報」は「教師は最後に電気を消してから教室を離れ、避難民は暗闇の中で秩序正しく並び救済物資を受け取る」と日本人が見せる秩序と冷静さを高く評価していました。また、ロシア・タス通信・東京支局長は「日本には最も困難な試練に立ち向かうことを可能にする『人間の連帯』がいまも存在している」「ほかの国ならこうした状況下で簡単に起こり得る混乱や暴力、略奪などの報道がいまだに一件もない」と日本人を賞讃しました。さらに、シンガポールの英字紙「ストレーツ・タイムズ」は「静かなる威厳」と題する論説を掲載し、損壊した民家から救い出される際、救助隊員に不便をかけたことを謝罪し、他の被災者を気遣った女性、無料で飲料を配付する自動販売機の所有者、空腹にもかかわらず、食料配給の長い列に整然と並ぶ人々らを紹介し、危機的状況下でも礼儀と忍耐を忘れない日本人を賞讃しました。

このほかにも、世界各地から日本人を賞讃する多くの声が届きました。

もちろん、平常時の現実的な生活の中の〝日常的な日本人〟が世界から賞讃されるに値する人間ばかりではなく、昨今の社会的スキャンダルや政治家の明らかな「忖度《そんたく》」問題などを見れば、むしろ私はいまの日本人に対して暗然たる気持ちにもなるのですが、「3・11」の際、日本人が世界から賞讃されたのは事実なのです。

なぜ、日本人は、世界の〝常識〟からみれば稀有な行動ができたのでしょうか。

台湾の「中国時報」は「日本独自の栄誉を重んじ、恥を知り、礼を重んじる特性」の原点を新渡戸稲造が指摘した「武士道精神」に求めています。

私は「その通り！」と「中国時報」の分析を心から賞讃せずにはいられません。

しかし、残念ながら、この「武士道精神」は『葉隠』に書かれている「武士道といふは、死ぬ事と見付けたり」という言葉の誤解、曲解などのために、多くの日本人、特に「戦後」の日本人に正しく理解されているとはいいがたいのです。

新渡戸稲造の『武士道』には、礼節や廉恥心といった〝武士〟が持つべき道徳が含まれるのですが、「武士道精神」は〝武士〟のためのものばかりではないのです。一言でいえば、〝人間としての品性〟です。それは同時に、私たちを一元化された「金銭的・物質的幸福観」から解放してくれる道でもあります。さらには、私たちに物欲を超越した「低く暮らし、高く思う」〝簡素な生活〟、真の〝知的生き方〟の素晴らしさを教えてくれる道でもあります。

東日本大震災は日本人に未曾有の被害と困難を与えはしましたが、期せずして、日本人の誇り「武士道」を世界に示し、日本人が誇りを取り戻すきっかけでもあったと思います。

日本は「戦後」七十余年を経て大いに繁栄し、日本人は物質的に大いに豊かになりました。

しかし、日本人は、この「繁栄」と「物質的豊かさ」と引き換えに、かつての日本人が持っていた日本人の美徳の多くを失ったと思わざるを得ません。

いま日本人が「武士道」を振り返り、学ぶべきこと、そして、誇りを持って世界に発信すべきことは少なくありません。ちょっと大仰なことを申し上げれば、世界に「武士道精神」が拡がれば（夢のような話ではありますが）、世界中に絶えない「争いごと」が少しは減るのではないかと思えます。しかし、肝心なことは、「世界への発信」以前に、「武士道」の教えを守り、実践することは私たち自身が〝真に豊かな人生〟を送る礎《いしずえ》になるということです。

目次

第三章 「武士道」に学ぶ日本人の生き方……161

第一章

「武士道」とは何か

いまなぜ「武士道」か

一九七〇年、三島由紀夫（一九二五〜七〇）は割腹自殺する直前に『サンケイ新聞』に寄せた「私の中の二十五年」と題する随想の中で「私はこれからの日本に大して希望をつなぐことができない。このまま行つたら『日本』はなくなつてしまうのではないかといふ感を日ましに深くする。日本はなくなつて、その代はりに、無機的な、からつぽな、中間色の、富裕な、抜目がない、或る経済大国が極東の一角に残るであらう。」と書いています。

私はいま、五十年近く前に書かれたこの文章を読み返してみて、背筋が寒くなる思いです。

かつて、司馬遼太郎は「日本をいちばんすばらしいと思うのは（中略）原理というややこしいものに煩わされることがなかったというところなんです。では、日本には何があるか、日本という島国があるだけだ。日本というお皿のようなものがあるだけだ。上に乗っかるものはいろいろある……（傍点筆者）」（『日本人と日本文化』）と語りましたが、いま日本人は、そのお皿の上に「カネ本位・もうけ主義」「経済的・物質的繁栄」をどっかりと乗せているのです。しかし、その「カネ本位・もうけ主義」から導かれる一元的な「経済的・物質的幸福観」に縛られた日本人自身が本当に幸福を感じられる毎日を送ることができているのでしょうか。

　司馬がいうように、日本人に原理というややこしいものがない（司馬はこのことをいちばんすばらしいといっているのですが、私にいわせればいちばん始末が悪いことです）とすれば、そのような日本人の社会は絶対的規範、論理性あるいは倫理的思考を排除しがちです。つまり、日本人の善悪の規準には普遍性がなく、その時代、時代の支配的ムード、多数によって動かされることになるでしょう。

　現在、日本社会のあらゆるレベルのいたるところに噴き出している偽装、欺瞞、汚職、不正、政治家の「私的忖度」などの膿、まさに亡国の世紀末的現象の元凶は原理というややこしいものがないお皿のようなものの上に乗っかったカネだろうと思います。カネは人間の欲望をかなりの程度満たしてくれる便利なものです。人間の欲望のほとんどを満たすのに普通〝原理というややこしいもの〟は不要ですから、とりわけ現在の日本人にとって、カネはありがたいものです。

しかし、「敗戦」前の日本人は、決してこのような日本人ではなかったのです。ほんの少し前まで、日本人はあまねく「恥の文化」を持っていましたし、社会のリーダーたちはかつての「武士道」に根ざす規範と責任感を持っていました。

なぜ、このような日本になってしまったのでしょうか。

日本人がかつて確かに持っていた〝精神〟を物質的豊かさのはるか後方に置き去りにしてしまったからでしょう。

現在の腐敗しつつある日本を蘇生させるのに必要なものは何か。そして、われわれ自身が物質的幸福観の呪縛から解かれ、真の幸福感を得るために必要なものは何か。

私は、物質的には決して恵まれていなくても、精神的には豊かだった日本の基盤にあった「武士道」だと思うのです。

「武士道」には庶民の範たる〝武士〟が持つべき道徳が含まれるのですが、「武士道」が説くのは〝武士〟のためのものばかりではないのです。

新渡戸稲造が『武士道』の中で述べる「武士道」が大成するのは太平（泰平）の江戸

時代です。だからこそ、「平和」状況下の現代日本人が真摯な気持ちで学ぶべき意義があるのです。私が強調したいのは、このことです。武士道が求めるのは〝人間としての品性〟であり、それは同時に、私たちを〝金銭的・物質的豊かさ〟を必須とする一元化された幸福感から解放してくれる道でもあります。さらには、私たちに物欲を超越した「低く暮らし、高く思う」〝簡素な生活〟、真の〝知的生き方〟の素晴らしさを教えてくれる道でもあるのです。

いま〝武士〟の本分、職分をも考えてみますと、今日、『武士道』（『　』は書名を表わします）に述べられる〝武士〟に相当するのは、国民の税金で生活する政治家、公務員です。つまり、政治家や公務員は〝庶民の範〟でなければならず、まずもって彼らに〝武士〟に求められた徳目が求められなければならないのです。ところが、現実はどうか。嘆かわしい事態ではないでしょうか。

日本のみならず世界の「先進国」も、これからは「量的幸福観」から「質的幸福観」へ、「物質的幸福観」から「精神的幸福観」へと移行させなければ、地球の寿命も人類の寿命も急速に縮められるでしょう。また、私たち一人ひとりの個人にとっても、「量的幸福観」から「質的幸福観」へ、「物質的幸福観」から「精神的幸福観」への移行は、〝真に豊かな人生〟への道でもあります。

このような時代に、日本人は誇りを持って「武士道」の精神を世界に発すべきです。私は、限られたアメリカ生活の経験からいっても、世界の有識者が日本の「武士道」に心から敬意をはらい、賞讃してくれるであろうことを確信しています。

近年、何事にも自信を失いかけている日本人は、「武士道」の高潔な精神性を世界に誇ってよいと思います。日本人は隣国の北朝鮮人、中国人、韓国人、ロシア人がしばしば見せるような「野蛮な行為」「理不尽な行動」「下品な言動」を決してしないではありませんか。世界の良識ある人々は、そのような日本人の高潔さをきちんと見てくれているはずです。

一人でも多くの日本人に、とりわけあらゆる分野の指導的立場にある日本人、さらには子育て中の親御さんたちに「武士道」の精神を想起し、次世代へと伝えてほしいと願います。そのことが渾沌たる日本そして世界を救う大きな力となることを確信するのです。

乱世の「武士道」と太平の世の「武士道」

これから私が本書で述べようとする「武士道」は、戦国時代の武家の「家訓」、藩校の教科書、『葉隠』、『武士道』などに見られる「武士道」なのですが、じつは、残念ながら、「武士道」は多くの日本人（特に「戦後」の「民主教育」下の日本人）に正しく理解されているとはいいがたいのです。「武士道」には、礼節や廉恥心といった〝武士〟が持つべき道徳が含まれるのですが、「武士道」が説くのは〝武士〟のためのものばかりではありません。

何をいまさら、といわれかねませんが、そもそも「武士道」とは武士の生き方、武士のあるべき姿を説くものです。そして、その〝武士〟は、『続日本紀』（七九七年に全四十巻が完成）に「文人、武士は国家の重んずるところ」と書かれているように、すでに奈良時代に〝武官〟、〝武人〟の意味で使われていた言葉ですが、その武士が台頭するのは平安時代中期の一〇世紀以降のことです。ともあれ、〝武士〟は〝武力をもって公的あるいは私的に奉仕する武者〟であり、合戦を〝職業〟とする兵でした。したがって、そもそもの「武士道」に「弓箭《きゅうせん》・弓馬《きゅうば》（武器・武芸一般）の道」が含まれるのは当然のことです。

私が再度強調したいのは、本書で述べる「武士道」が大成するのは江戸時代であるということです。その江戸時代は、周知のように、戦国時代とは異なり、太平（泰平）の時代であって、武士の〝職場〟である合戦はなかったのです。当然のことながら、戦国時代の剣術家である宮本武蔵と太平の江戸時代の剣術家である柳生宗矩の「兵法」とは互いに似て非なるものです。したがって、武士の〝本分〟に、そして「武士道」に〝修正〟が求められるのも当然でしょう。

事実、江戸時代に大成した「武士道」はそのような武士道であり、だからこそ、「平和」状況下の現代日本人が真摯な気持ちで学ぶべき意味があるのです。いうまでもないことですが、自衛官や警察官らの特殊な職業の人を除いて、現在の一般的日本人が「弓箭・弓馬（武器・武芸一般の道）」が含まれるそもそもの「武士道」を学ぶ必要はありません。

菅野覚明氏は「新渡戸の語る武士道精神なるものが、武士の思想とは本質的に何の関係もなく、武士の武士らしさを追究した本来の武士道とは異なるものである」（『武士道の逆襲』（講談社新書、二〇〇四）と主張していますが、その通りなのです。当然です。私自身、『いま「武士道」を読む』（丸善ライブラリー、一九九九）などでしばしば述べたことです。

とはいえ、戦国時代の武将の「家訓」を読みますと、そこには〝戦《いくさ》〟とは直接関係なく、まともな人間に求められる普遍的な規範が書かれていることに驚かされます。まさに、立派な武士である以前にまともな人間であらねばならないという戒めです。

本書が述べる「武士道」の主人公である武士の本分について、江戸時代の儒学者・兵学者である山鹿素行は『武教小学』「武教小学序」（門人筆）に「農・工・商は天下の三つの宝である。士が農・工・商の働きもないのに、これら三民の長としていられるのはなぜか。それはほかでもない。自らの身を修め心を正しくし、すすんでは国を治め天下を平和に保つからである」（田原嗣郎編『日本の名著12　山鹿素行』中央公論社、一九七一）と書いています。さらに、素行は『山鹿語類』「士道」（素行は「武士道」といわず「士道」といいます）の中で、武士に求められる〝義〟つまり「打算や損得のない、人間の行なうべき正しい道」は何も武士に限られたわけではないが「農・工・商はその職業にいそがしくて、いつもその道をつくすというわけにはいかない。士はこれらの業をさしおいて、もっぱらこの道につとめ、農・工・商の三民が、人のなすべきことをすこしでもみだすならば、それをすみやかに罰し、それによって天の道が正しく行われる備えをなすものである。だから士には、文武の徳知がなければならない」そして「三民はおのずから士を師とするようになり、士を尊び、その教えにしたがい、ものごとの順序を知ることができるようになるのである。こうしてはじめて、士の道は成り立ち、自分では働かず、衣食住が足りていることにも、心の負い目を感じなくてすむ」（前掲書）といっています。本当に、現在の日本の政治家に聴かせたい言葉であり、いまさら彼らにいっても無駄ではありますが、彼らには大いに〝負い目〟を感じてほしいものであります。

要するに、武士は庶民の模範でなければならないのです。支配階級である武士は、三民の模範となるべく、正義を貫き、私欲に走らず、自分の言葉、約束は命がけで守り、不正や不名誉のためには死をもってあがなうことが義務づけられたのです。そのために、武士に求められる徳目は「忠誠・犠牲・信義・廉恥・礼儀・潔白・質素・倹約・尚武・

名誉・情愛」ということになります。

山鹿素行が述べる〝士〟の本分、職分を考えてみますと、今日、その〝士〟に相当するのは、国民の税金で生活する政治家、公務員であることに気づくでしょう。つまり、政治家や公務員は庶民の模範でなければならず、彼らにも〝士〟に求められた徳目が求められなければならないのです。ところが、現実を考えますと、私はあまりにも虚しく、悲しくなってしまいます。

いまこそ〝治世の「武士道」〟が必要とされる理由です。

新渡戸稲造と『武士道』

話が前後するのですが、新渡戸稲造と『武士道』について簡単に述べておきたいと思います。

これから私が述べようとすることを理解していただくための大きな助けになると思うからです。

私事で恐縮ですが、一九八三年の春、半導体研究者であった私は永住のつもりで〝半導体研究の聖地〟アメリカに渡りました。

当時、私は半導体結晶の世界ではそれなりに知られていましたから、いろいろな人たちがいろいろな場所で歓迎パーティを開いてくれました。そのようなパーティに招かれた時の、私の返礼の決まり文句は「私は太平洋の虹の橋になろうと思っている」でした。その場にいたどれだけの人が知っていたかはわからないのですが、これは新渡戸稲造の有名な言葉「われ太平洋の橋とならん」を拝借し〝虹〟を加えてしゃれたものでした（ちょっとキザとは思いましたが、英語だからいえた言葉です）。

世界的に「ニトベ」の名を高めることになった名著『武士道』は、カリフォルニアの療養中に書かれたものです。メリー夫人が日本の風習や思想についてしばしば新渡戸稲造に質問したことが執筆の直接の動機になっているようです。療養中、気分がよい時、稲造が口述するのを、彼の友人でもあり秘書でもあったアンナ・ハーツホーンが書き取ったものが、後に世界的な名著となる〝BUSHIDO〟の原型です。それは、一八九九年一一月、英文で〝BUSHIDO, The soul of Japan〟として出版され、世界的反響を呼ぶことになりました。そして、その日本語版が翌年には出版されています。
〝BUSHIDO, The soul of Japan〟がなぜ書かれたのか、またなぜ英語で書かれたのか、については『武士道』「序文」に見出すことができます。若干長くなりますが、以下引用します。なお、本書の『武士道』からの引用はすべて筆者訳のものです。

およそ10年前、私はベルギーの著名な法学者である故ド・ラヴレイ氏の歓待を受けて数日間ともに過ごしたことがあるが、ある日の散歩中、私たちの会話が宗教の話題に及んだ。この尊敬すべき教授が「あなたの国の学校には宗教教育というものがない、とおっしゃるのですか？」と私に尋ねた。私が「ありません」と答えるやいなや、彼は驚いて突然歩みを止めた。そして、私がいまもって忘れ難い声で「宗教教育がないですって！あなた方はどのようにして道徳教育を授けるのですか？」と繰り返した。その時、私はこの質問に呆然とさせられた。私は、この質問に即答できなかったのである。というのは、私が少年時代に学んだ道徳的な教えは学校で受けたものではなかったからである。そして、私は、私の善悪の観念を形成させたさまざまな要素を分析してみて、そのよう

な観念を私に吹き込んだのは武士道であることにようやく思い当たったのである。

この小著の直接の端緒は、私の妻が、あれやこれやの思想や風習がどうして日本に広くいきわたっているのか、としばしば質問したことである。

ド・ラヴレイ氏と私の妻に満足のいく返答を試みているうちに、私は封建制と武士道の理解なくして、現代の日本の道徳観念は封印された書物同然であることに気づいた。

ラヴレイ教授は、新渡戸から「日本には宗教教育がない」ということを聞いて驚き、「宗教教育なくして、どうして道徳を授けることができるのか」と不思議に思ったのです。それは、ラヴレイ教授が知る当時の日本人がきわめて道徳的だったからです。もし、日本人が（現在の多くの日本人のように？）非道徳的であったならば「さもありなん」と驚くことはないのです。

江戸幕府による海外留学生派遣は一八六二年に行なわれ、それ以降、多くの公費、私費留学生がアメリカやヨーロッパに渡っています。そのような留学生は総じて立派な志士でした。幕末期の〝お雇い外国人〟の一人で、アメリカ・ニューブランズウィックで多くの日本人留学生を見てきたグリフィスは「当時米国に留学している日本の学生は、いずれも立派な武士気質に富んだ青年ばかりで、人格高潔、克《よ》く好んで学問に精進し、将来有為の人物たらんとしていた。私はかれらに心からの敬意を払った。……常に大日本国をして列国の間に伍して大ならしめんことを志しつつ、……知識を探究し学問の蘊《うん》奥《のう》を究めんがため、没頭して、恰《あたか》も火焔のうちにある燃料の如くであった」（石附実『近代日本の海外留学史』中公文庫、一九九二）と語っています。もちろん、当時の留学生は日本の超エリートであり、いまとは時代が違うといえばそれまでの話ですが、アメリカの大学にいた頃、現代の日本人留学生を少なからず実際に見た私は、あまりの違いに驚き、改めて、幕末の日本人留学生たちに頭が下がる思いだったのです。

立派だったのは、当時の留学生たちのような超エリートの日本人ばかりではありません。

トロイア遺跡の発掘で知られるシュリーマン（一八二二〜九〇）が幕末の一八六五年、約一ヶ月間日本（横浜、江戸、八王子）を訪れており、大変興味深い旅行記（石井和子訳『シュリーマン旅行記　清国・日本』講談社学術文庫、一九九八）を遺しているのですが、その中で、当時の日本の官吏たちが、折目正しい徳目を備えていたことに驚嘆した様子が書かれています。例えば、入国の際の荷物検査を免除してもらうために、税関官吏二人に一分《ぶ》（二・五フラン）ずつ出したところ、彼らはそのような〝心づけ〟の受け取りを断固拒んだのです。これに対し、シュリーマンは「日本男児たるもの、心づけにつられて義務をないがしろにするのは尊厳にもとる、というのである。おかげで私は荷物を開けなければならなかったが、彼らは言いがかりをつけるどころか、ほんの上辺だけの検査で満足してくれた。一言で言えば、たいへん好意的で親切な対応だった」と書いています。また、シュリーマンは、自分たちを警護してくれる役人たちの精勤ぶりに驚かされ「彼らに対する最大の侮辱は、たとえ感謝の気持ちからでも、現金を贈ることであり、また彼らのほうも現金を受け取るくらいなら〝切腹〟を選ぶのである」とも記しています。

　これらはほんの百数十年前の日本人の矜持《きょうじ》、また道徳の一例です。

　近年、絶えることなく発覚する日本の官僚や政治家や役人たちの金銭スキャンダルを思い起こす時、出るのはため息ばかりです。

欧米人の常識からすれば、人間としての矜持、道徳を育むのが宗教・宗教教育です。立派な日本人を知る彼らが「日本には宗教教育がない」と聞けば、驚くのも当然です。日本人に道徳、正邪善悪の観念を形成させているのが武士道であることを、新渡戸稲造はラヴレイ教授の驚きで気づいたのです。

新渡戸は、さらに第一章「道徳体系としての武士道」の冒頭で、

武士道は、日本の象徴である桜の花に勝るとも劣らない、日本の土地固有の花である。しかし、それは、わが国の歴史の古代の美徳を集めた「標本」の中に納められた干からびた過去の遺物の一つではない。それは、いまなお、私たちの中にあって生命を持つ力と美の対象である。それは、手に触れることができる形態を持たないが、それは道徳的雰囲気の香を放ち、いまも、私たちはその強い魅力の支配下にあることを自覚するのである。それを生み、育てた社会的条件が消え失せてからすでに久しい。しかし、かつては実在したがいまは消失してしまっているはるかかなたの星がいまなお私たちの頭上に光を注いでいるように、封建制の子である武士道は母である封建制が消え去った後も生

き残り、いまなお私たちの道徳の道を照らし続けている。

と、熱く「武士道」を語ります。

ともかくも、〝BUSHIDO〟は世界的な反響を呼びました。

特に、アメリカのセオドア・ルーズヴェルト大統領は超多忙の中、これを徹夜で読破、感動し、即刻、世界の要人に「一読を勧める」という献辞とともに送ったといわれます。さらに、ホワイトハウスを訪れる政・財・官界の指導者たちにも配ったのです。

その理由の一つは、小国・日本が日清戦争（一八九四〜九五）で清国に勝ったばかりでなく、文字通りの大国・ロシアと熾烈《しれつ》な戦いを交え（一九〇四〜〇五）、これにも勝つという、世界史的〝大事件〟が世界の目を東洋の小国・日本に一斉に向けさせたことでありましょう。世界の「先進国」も「後進国」も、日本の勝利の原因、日本人の精神基盤などに大いなる興味を持ったことは想像に難くありません。

しかし、『武士道』の内容が、単に時宜にかなっただけのものではないことは明らかです。『武士道』は〝際物《きわもの》〟ではなかったのです。そこには、普遍的な日本の伝統、文化が書かれているのです。

『武士道』は欧米で広く読まれただけではありません。

日本でも最初の日本語訳が出版された一九〇〇年以来今日まで、日本人にも読み継がれています。

私が理想的「国家のリーダー」として最も尊敬するのは台湾の李登輝元総統ですが、著書『「武士道」解題』（小学館、二〇〇三）の中で「新渡戸稲造先生に心から私淑してきた私は、いつの間にか、先生とよく似た人生観や奉仕精神に衝《つ》き動かされて生きるようになってきたような気がしてなりません。言葉を換えれば、『武士道』にはそのような不思議な力が秘められているということでもありますが、特に台湾の〝総統〟という立場に置かれていた十二年間は、そのような〝新渡戸精神〟が私の言動や政治哲学を強く支配していたような気がしてならないのです」と書いています。

私事ながら、二〇一二年七月、私は「坂本龍馬記念館」の森健志郎館長らと台北郊外の淡水に李登輝元総統を訪問し、まことに光栄なことに、日本、台湾、中国の現状などについて語り合う機会を持たせていただきました。一九二三年生まれの李登輝元総統は、当時八九歳と高齢、しかも大病から回復された直後であったにもかかわらず矍鑠《かくしゃく》とし、「自分は常に台湾、そして日本の行く末を心配している。あと四、五年かもしれないが、死ぬまで台湾のために全エネルギーを捧げたい」と熱っぽく語る姿に、私は感動を超え、神々しさをも感じました。個人的には「武士道」の話題で盛り上がったのですが、前掲の「新渡戸先生」に対する尊敬の言葉を生で聴くことができたことは、私にとって何よりも貴重な経験でした。

繰り返しになりますが、いま、腐敗しつつある現在の日本を蘇生させるのに、また私たち自身が「真に豊かな生活」(後述)を得るために必要な第一歩は、かつての、というより〝つい最近まで〟日本人が確かに持っていた「武士道精神」、「日本人の魂」を思い起こし、それを実践することです。

李登輝元総統も「もっと、自信を持って、自らの意思で、決然と立っていてもよいのではないですか? なぜなら、あなた方こそ、〝日本の魂〟の真の継承者なのだから」と日本人に熱いエールを送ってくれています。

武家の「家訓」

いま述べました新渡戸稲造の『武士道』は明治時代に書かれた本です。

したがって、すでに繰り返し述べましたように、そこに説かれる「武士道」は〝武力をもって公的あるいは私的に奉仕する武者〟であり、合戦を〝職業〟とする兵である武士の生き方、あるべき姿を説き、「弓箭・弓馬（武器・武芸一般）の道」が含まれるそもその「武士道」とは異なります。

とはいえ、武士が台頭する鎌倉時代以降、特に「応仁の乱」以降、いわゆる戦国時代になるにつれて、大名豪族武家には、その家々によって独自の精神的背骨ともいうべき「家訓」というかたちで『武士道』と共通する「武士道」が伝えられたのも事実です。

家訓とは「家父・家長が子孫や家臣に与えた訓戒」（『広辞苑』）、「その家の信条として（代代）子供に伝える処世上の戒めなど」（『新明解国語辞典』）です。いくつかの「家訓」を通読しますと、合戦を〝職業〟とする兵である武士（武人）ではあっても、武芸や戦場における駆け引きに長けてさえいれば、それでよいということではなく、武人である前に、まず人格的に優れた人間であらねばならぬ、ということに重きが置かれていたことがわかります。つまり、武家の「家訓」には、その家が今後も戦国の世を生き抜き、発展し続けるのに必要な「人として守らなければならない日常的たしなみ」が細かく書かれているのです。

また、私は、常々、幕末・維新史の中で、会津藩ほど理不尽な割を食わされた藩はないと同情を禁じ得ないのですが、会津藩の「悲劇」も藩祖・保科正之（一六一一～七二）以来の会津独特の精神文化、一言でいえば「会津魂」に端を発しているといえそうです。その「会津魂」の原点は保科正之から発せられた「家訓十五ヶ条」だと思いますが、その精神は藩校・日新館の創設および藩士の師弟のために用いられた『日新館童子訓』に引き継がれました。『日新館童子訓』は会津藩中興の祖と呼ばれる五代藩主・松平容頌《かたのぶ》（一七四四～一八〇五）によって著わされた、藩としての青少年教育の指針を明確にした修身の教科書です。そこには徹底して藩祖・保科正之の精神がちりばめられています（その一部を第二章で紹介します）。

私事ながら、私は二〇一一年の東日本大震災以来、縁あって福島県にはしばしば足を

運んでいますが、私が会津を訪れるたびに感心するのは、町のいたるところに、

一　人をいたわります
二　ありがとう　ごめんなさいを言います
三　がまんをします
四　卑怯なふるまいをしません
五　会津を誇り年上を敬います
六　夢に向かってがんばります
　　やってはならぬ　やらねばならぬ
　　ならぬことは　ならぬものです

という「あいづっこ宣言」の札が見られることです。私が好きな会津の露天風呂でも「ならぬことは　ならぬものです」という文言を見ることがしばしばあります　この「あいづっこ宣言」は、会津若松市が、会津藩で武士の子供の心構えとして大切にされた「什《じゅう》

の掟《おきて》」を現在の教育に生かそうということで策定し、普及に努めているものです。私は「あいづっこ宣言」を見かけるたびに「会津の子どもたちはいいなあ」と思い、つい「頑張ってね」と声を掛けたくなります。

「什」というのは、おなじ町内に住む六歳から九歳までの藩士の子どもたち十人前後でつくった班（グループ）のことで、年長者が一人「什長」となって毎日順番に仲間のいずれかの家に集まって勉強したようです。一〇歳になると藩校・日新館で学ぶようになります。

「什の掟」は、

一　年長者の言うことに背いてはなりませぬ
二　年長者にはお辞儀をしなければなりませぬ
三　虚言（うそ）を言うことはなりませぬ
四　卑怯な振舞をしてはなりませぬ
五　弱い者をいじめてはなりませぬ

六　戸外で物を食べてはなりませぬ
七　戸外で婦人（おんな）と言葉を交えてはなりませぬ

ならぬことはならぬものです

から成っており、什では毎日、遊びの前に什長がこれらの「掟」を申し聞かせ、これに背《そむ》いた者がいなかったがどうかをみなで反省したのです。

家訓が成人藩士の心構えとするならば、武士の子どもの心構えとして大切にされたのが「什の掟」です。

このように、武家家訓や『日新館童子訓』や「什の掟」には、「武人である前に、まず人格的に優れた人間であらねばならぬ」ということや現代社会に生きる私たちが傾聴し、実践すべき「教え」がたくさん書かれています。

だから私は、菅野氏の「新渡戸の語る武士道精神なるものが、武士の思想とは本質的に何の関係もなく、武士の武士らしさを追究した本来の武士道とは異なるものである」

（前掲）という主張がまったく理解できないのです。

私と「武士道」

いま述べました、武家家訓に見られる「武士道」は鎌倉時代以降戦国時代に、『武士道』は江戸時代の名残がある明治時代に書かれたものですが、「昭和生まれ」の私と「武士道」との関わりについて簡単に述べておきたいと思います。まことに僭越とは思うのですが、「武士道」が決して「過去の遺物」ではないことを知っていただきたいと思うからです。

私が小学校に入る前、明治生まれの母方の祖母から「西向くサムライ」という言葉を教わりました。

一年には三一日の「大の月」と三〇日以下の「小の月」がありますが、この「小の月」の憶え方です。「二、四、六、九、十一」を「ニ・シ・ム・ク・サムライ」と読むのです。私には十一がなぜ「サムライ」なのかわかりませんでした。そのことを祖母に聞くと「十と一をくっつけると〝士〟という字になる。〝士〟はサムライだ。お前もサムライのように生きなければならない」といいました。

その祖母の先祖が尾張の徳川家に仕えるサムライだったということもあり、祖母の口から「徳川さま」や「勝さん」という親しみを込めた言葉を何度も聞きました。この「勝さん」は「勝海舟」のことです。この「徳川さま」や「勝さん」のほかにも、幕末から明治維新にかけての激動期の日本の「有名人」がさりげなく登場する祖母の臨場感溢れる話はじつに面白く、興味深く、いつまで聴いていても飽きませんでした。

私は東京生まれ、東京育ちなのですが、後年、尾張名古屋で大学生活を送り、さらに後年、アメリカで暮らすようになった時、私の精神的基盤に新渡戸稲造の『武士道』があったことも、この祖母との幼い日の思い出が、私の心のどこかに引っ掛かっていた結果かもしれないのです。私は永住のつもりで渡ったアメリカから十年半後に帰国したのですが、その理由の一つは「武士道」に関係していますし、その後『武士道』についての本も書きました。またいま「武士道」についての本を書いています。人生というものはじつに面白いものです。

一方、父方の先祖は甲斐武田家の家臣で、父は終生、サムライとしてのプライドだけは高く、息子の私から見ると、それが人生の徒《あだ》になった感も否めないのです。

ところで、現在でも、会津と長州、アメリカの南部と北部の人たちは何となく「遺恨」を感じ合っているところがありますが、父方の先祖が甲斐武田系、母方の先祖が尾張徳川系ということで、わが家の雰囲気も少々独特でありました。祖母と父の間は会津と長州の間ほどではありませんでしたが、「勝者」側である祖母は「敗者」側の父をそれとなく見くびっていたところがありますし、それを感じていた父も何となく祖母を毛嫌いしていたのも事実です。

祖母が「明治生まれ」、父が「大正生まれ」ということもあり、その「世相」がおのおのの性格に影響を与えたのかもしれませんが、私は明治生まれの祖母の方が好きでした。祖母は気位が高かっただけでなく、気骨があり、いつも正義感に溢れていました。

ともあれ、現在の私の「軸」は幼い頃から無意識のうちに祖母や父から学んでいた「サムライ魂」のようであります。

前述のように、私は渡米してからずいぶん『武士道』の世話になりました。私が日本からアメリカまで運んだ限られた数の本の中で、『武士道』はいつも手元に置いて繰り返し読んでいたものです。アメリカでの生活において、「武士道」は私自身の、そして日本人としての〝拠《よりどころ》〟でした。「武士道」のエッセンスをアメリカ人に説明するのは楽なことではありませんでしたが、『武士道』の原著が英語で書かれていることが幸いでした。

アメリカ中西部のセントルイスに住んでいた頃、アメリカ人の同僚と何度かメジャー・リーグ・カージナルスの野球を見に行ったことがあります。日本でもプロ野球の試合を球場で何度も見たことがありますが、私は初めてメジャー・リーグの野球を実際に見た時、そのスピード感、迫力は日本の野球の比ではないなと感動したものです。

ゲームを見ていて、気がついたことの一つは、メジャー・リーグの野球には〝送りバント〟がほとんどないことでした。最近はオリンピックやWBCなどでの国際試合を通じて〝日本の野球〟に学んだ結果なのか少しは変わったようですが、少なくとも、私はメジャー・リーグの野球で犠牲バントを一度も見たことがなかったのです。

日本の高校野球では〝送りバント〟は〝必須〟ですし、プロ野球ですら、四番打者にバントが命じられることがあります。アメリカにいた頃、このようなバントのことを同行の野球ファンのアメリカ人に話しますと、ちょっと不思議そうな顔をして「送りバントなんて面白くないじゃあないか」といいました。ここでまた、私の話は「武士道」に、さらには「義理」にまで及んだのです。日本文化に深い関心を持っていたアメリカの友人はいつもそれを喜んでくれました。

打者の真髄はボールを遠くに飛ばすことであり、それこそプロ野球選手（打者）としての「査定」の主要素なわけですから、「個人主義」の国のアメリカでは自分を犠牲にしてランナーを送る、自分は死んでも仲間が得点してくれることを期待する、ということは雰囲気的にもそぐわないのです。ちょっと飛躍すれば、〝送りバント〟の犠牲的精神は戦時中の日本の「特攻精神」をアメリカ人に想起させます。もちろん、私は「アメリカ人には犠牲的精神がない」などというのではありません。彼らは、単純に楽しむべき野球の場で犠牲的〝送りバント〟は面白くないというのです。

日本文化研究者で、かの『菊と刀』の著者・ベネディクト女史でさえ、「あらゆる風変わりな道徳的義務の範疇《はんちゅう》の中でも、もっとも珍しいものの一つ」と呼び、結局理解できなかったのが、新渡戸稲造が「正義の道理」から出発したという日本人の「義理」でした。「義理」は〝交際上のいろいろな関係から、やらなければならない行為〟です。しかし、それはベネディクトがいうように、不本意ながらするのではないのです。ここに詳述する紙幅はありませんが、要するに、〝送りバント〟の犠牲的精神は日本人特有の「義理」とまったく無縁のものではないと思うのです。

先述のように、「3・11」の際には、アメリカの旧友の何人かから「お見舞」メールが届きましたが、いずれにも、世界の常識からすれば、状況的に暴徒化しても不思議ではない被災者たちがみんな整然と指示に従い、救援物資に対して譲り合っている姿に感動したことが書き添えられていました。そして、昔、私から聴いた日本人の正義、堅忍、慈悲の「武士道精神」のことを思い出した、とも書かれていました。私は、日本の政治家は語るに足らなくても、市井の日本人が、新渡戸が『武士道』でいう「〝武士道〟の無意識的かつ無言の影響」を見せてくれたことを誇りに、また嬉しく思っていることをアメリカの旧友に伝えたのでした。

江戸時代の教育と私塾

日本の教育の伝統は儒教精神に依拠するところ大です。古く、吉備真備《きびのまきび》（六九五～七七五）は家訓で「富は一生の宝だが、智は万代の宝」と教育、そしてその結果としての知識の重要性を説いています（志村史夫『ハイテク国家・日本の「知的」選択』講談社、一九九三）。

徳川家康（一五四二～一六一六）は武力によって政権を握ったのですが「太平の基調は文政にあり」といって、徳川時代には幾多の文教政策が推進されました。太平の世にあっては、当然のことながら武力がその存在意義を失い、社会的な力は経済力に移行するのが自然です。そのような力の移行の中で一般庶民間、特に町人層に勉学奨励の機運が高まったのも自然です。事実、江戸時代には、武士階級から農・工・商の庶民にまでさまざまな教育機関を通じて教育が広くいきわたったのです。

すでに述べましたように、藩士の師弟の多くは、七、八歳から一三、四歳頃までに藩校に入校し、数年間在校しました。太平の世において、主な教材は四書五経で、「武士のたしなみ」としての兵法、書道、倫理、文学なども含まれたのですが、そこに、数学（算術）が含まれていないのが特筆すべきことです。一般的にいえば〝戦《いくさ》〟において数学は役に立つ学問です。それにもかかわらず、武士教育に数学が含まれなかったのは、一つには、封建時代の戦は数学を要するほど近代的ではなかったためですが、本質的には、武士道と〝算術的概念〟とは相容れないものだったのです。周知のように、庶民の教育の三本柱は「読み・書き・そろばん（計算）」でしたが、武士の教育においては、意識的に「そろばん（計算）」、つきつめれば「損得勘定」が外されたのです。それは、武士道というものは本質的に非経済的なものであり、武士はむしろ貧困を誇りとするからです。武士は富を持つことはもとより、経済のことを口にすることも恥じましたので、貨幣の計算は下役人に委ねたのです。そして、武士には最も厳格な生活が求められ、奢侈《しゃし》は禁じられたのです。現在の社会で「武士」の仕事をしている政治家や官僚のみなさんには是非とも知っていただきたいものです。私はここで『徒然草』第十八段の「人は、おのれをつづまやかにし、奢《おご》りを退けて、財《たから》持たず、世をむさぼらざらんぞ、いみじかるべき。昔より、賢き人の富めるはまれなり（傍点筆者）」を思い出します。

いずれにしても幼児期の父母、教師の役割は人格形成において決定的に重要です。
『武士道』第十章「武士の教育と訓練」の中に、

知識でなく品性が、頭脳でなく魂が学修、啓発の素材として選ばれる時、教師という職業は聖職の性質を帯びることになる。「私を生んでくれたのは父母であり、私を人間として育ててくれたのは師である」という観念があるために、教師が受ける尊敬の念はきわめて高いものであった。そのような信頼と尊敬を若者に思い抱かせるような人物は、必然的に優れた人格と学識を併せ持っていなければならなかった。そのような人物は父亡き者にとっては父であり、迷える者にとっては助言者であった。「父母は天地のごとく、師は日月のごとし」という格言がある。

と書かれています。
ここに書かれる崇高な言葉を読めば読むほど、私はひたすら、現代日本の多くの「父母」と「教師」のことを情けなく思ってしまいます。

かつて、この日本でも、教師は日月《じつげつ》（太陽と月）のごとく真理、正義の象徴でした。父母は天地のごとき根源でした。いまは、単に「教師」という職名のサラリーマン労働者に成り下がってしまった教師が多くはないでしょうか。また、いまは、子どもに物を買い与えるだけの「財布」のごとき存在の父母が多くはないでしょうか。果ては、自分の子どもを虐待し、死に至らしめるような親が後を絶たないご時世です。

風雲急を告げる幕末に至りますと、和学、洋学のほかに医学、算術、兵学、砲学、天文学、本草学などの科学・技術系の諸科目も取り入れられるようになりました。幕府、藩の富国強兵、殖産興業の要請に応える必要が生じたからです。また、医学校、兵学校などの専門学校も併設されるようになりました。さらに、当初藩士師弟のみに限られていた入校資格も、足軽、ひいては庶民にまで門戸が拡げられました。学問所や藩校での成績によって、大胆に人材の抜擢や登用が行なわれるようになり、身分を越えた勉学意欲の高揚が見られるようになります。風雲急を告げる時代になれば、身分などの形式を越えた実力主義が台頭するのは世界史の常です。

農・工・商の庶民は、日常生活の中で、祖父母や両親、そして地域社会からの礼儀、作法、さらに家業を継ぐための知識や技術を学んでいきました。朝起きてから寝るまでの日常生活がそのまま教育課程でした。そのような日常生活の限界を補う意味で、職業教育を専門的、組織的、系統的に行なう場としての徒弟奉公、その前段階としての読み・書き・そろばん（計算）の基礎素養を授ける場としての寺子屋が出現しました。

ところで、寺子屋の師匠は「授業料」に相当する金銭を受け取らないのが原則でしたが、そのことについて、新渡戸稲造は、

あらゆる種類の仕事に対して報酬を与えるという現代の制度は、武士道の信奉者の間では広まらなかった。武士道は、金銭あるいは代価に置き換えられない仕事もあるのだと信じたからである。僧侶や教師の仕事のように精神的な仕事に対する報酬は金銀で支払われるべきではなかった。それは、その価値がないからではなく、その価値は金銀などでは測れないほど尊いものだったからである。ここにおいて、数値では表せない本能的名誉を重んじる武士道は、現代の政治経済学ではとても教えることができない真の教訓を教えたのである。つまり、賃金や給料は結果が明確、有形、定量化可能な仕事に支

払われるものであるが、教育における最高の仕事、すなわち精神の啓発（僧侶の仕事も含まれる）は不明確、無形、定量化不可能なのである。数値で定量化できない仕事に対して、外見的尺度である金銭を用いるのは不適当である。慣例上、一年の折々の季節に弟子が師に金品を贈ることは認められたが、これは支払ではなく進物だった。

と書いています。

戦後の教師たちが、自らを「労働者」と規定し、「教育」を他の「労働」と同じように時間と金銭という〝ものさし〟で測るようになり、他の職業人と同じように「利」に走り、賃上げ闘争を始めた時から、つまり、自らを聖職者から労働者へと成り下げた時から「教育の荒廃」が始まったのだ、と私は思います。そして、学問ならぬ学校歴である「学歴」を重視する日本の社会が、それを加速させたのです。同時に、「教育」の「訓練」化が一層強まりました。その根底には、武士道の対岸にある拝金主義が大きく横たわっているように思えます。

さて、江戸時代末期になりますと私塾が大きな役割を果たすようになります。私塾は武士、庶民を問わず、好学の士が自発的に自由に開設した教育機関です。多くの私塾の教師は民間の学者であり、したがって、私塾では教師の学説に基づいたレベルの高い教育が行なわれました。生徒は自らの目的意識を持って、「わが師」を求めて入塾したのです。身分、年齢、出身地、学問レベルなどを異にする生徒で構成されていたことが私塾の大きな特徴の一つです。教師は、生徒の個性と能力を重んじ、自主的な学習を旨としました。大きな私塾では、何人かの塾頭クラスの生徒を中心にいくつかのグループに分けられた〝グループ学習〟が行なわれました。

後の「開国」から「明治維新」に至る日本の激動期に大きな影響力を持った私塾はシーボルトの「鳴滝塾《なるたきじゅく》」（長崎）、吉田松陰の「松下村塾《しょうかそんじゅく》」（萩）、緒方洪庵の「適塾《てきじゅく》」（大坂）、広瀬淡窓の「咸宜園《かんぎえん》」（日田）などです。これらの私塾から多くの俊秀が輩出され、明治以降の日本に甚大な影響力を持ちました。

私事で恐縮ですが、アメリカと日本の大学で教育に従事した経験を持つ私は、私塾（寺子屋）こそが理想的な教育機関だと確信し、晩年は私塾を開き「万感の想い」を後進に伝えたいと思っていました。この〝晩年〟というのは、私が大学を定年退職し、大学卒業以来のいくつかの「勤務」を卒《お》え、一切の公務を辞任する「卒勤務」の年である今年（二〇一七年）のつもりだったのですが、日本が被占領国から独立国になってからちょうど六十年になった二〇一二年、さまざまな〝波〟が重なり、〝晩年〟を待たずして私塾（志望塾）を旗揚げすることになったのでした。さまざまな思い入れから、その旗揚げの場所と日を「靖國神社、八月一五日」としました。

平成一三年三月、卒業式に招待された海上自衛隊幹部候補生学校（江田島）に掲げられている東郷平八郎元帥の遺訓といわれる「五省」を拝借、若干変更した

一、至誠に悖《もと》るなかりしか
二、言行に恥《は》づるなかりしか
三、報恩に欠《か》くるなかりしか
四、努力に憾《うら》みなかりしか
五、仁義に背《そむ》くなかりしか

を「志望塾の五省」としました。

また、

一、礼節を尊ぶ
二、仁義を重んじる
三、親、師の恩を忘れない
四、他人はもとより自分を欺かない
五、何事にも最善、誠意を尽くす
六、何事も明るく、前向きに考える
七、何事も納得できるまで考える
八、時流に流されない
九、常識を絶対視しない
十、人生を楽しむ

の「十の心得」を定めました。

本書の著者である私の「肩書き」が「志望塾・塾長」となっていますので、この「志望塾」が受験のための学習塾などと誤解されないためにも、ここに紹介させていただく次第です。「志望塾」は「武士道精神」を基盤にした、現時点で、塾生は最年少三一歳、最年長六五歳の二十名に満たない社会人の私塾です。不定期に「寺子屋」合宿を開いて、「人生いかに生きるか」「生きる上で大切なものは何か」「豊かな人生とは何か」「歴史から何を、どのように学ぶか」などなど、いろいろなことを話したり、議論したり、さまざまな分野の一流の人をゲストに迎えて講話を聴いたりしています。また、日常的に「仕事以外のものを読む・書く」の実践の場として、隔月に塾紙を発行し、さまざまな課題について考えています。

ところで、私が「日本が被占領国から独立国になってからちょうど六十年」などと書くことを訝《いぶか》る読者もいると思うのですが、私が「被占領国」にこだわるのにはわけがあります。

私がノースカロライナ州立大学に勤めていた時（一九八七〜九三年）、日米間の学術、文化、経済交流ほか諸々の活動をするノースカロライナ・ジャパン・センターの副所長を兼務していました。ある時、私はこのジャパン・センターの応接室の棚に置いてあった、一見古そうな紅茶カップと受け皿の裏を何気なく見て驚いたのです。それは日本のノリタケの製品だったのですが、いまなら〝Made in Japan〟と書いてあるところに〝Made in Occupied Japan〟と書かれていたのです。

もちろん、私は一九四五年八月一五日から一九五二年四月二八日の「サンフランシスコ講和条約」発効の日までの約七年間、日本が「連合国」に占領されていたことを「歴史」で習って知っています。日本を占領したのは形の上では連合国軍でも実質的にはアメリカ軍による単独占領でありました。昭和二三（一九四八）年東京生まれの私は、小さい頃、「ＭＰ」と白い大きな字が書かれたヘルメットを被り、ジープに乗ったアメリカの進駐軍の兵隊を自分の目で何度も見たことをいまでもはっきりと憶えています。

日本がアメリカ軍に一定期間占領されていたことは歴史的事実のみならず、私自身の実体験としても残っていることです。私より年長の人たちにとってはなおさらの実体験でしょう。

確かに「その通り」なのですが、私は〝Occupied Japan（被占領国日本）〟という「国」が存在していたことをノリタケの紅茶カップを見るまで知らなかったのです。〝Occupied Japan（被占領国日本）〟という「国」の存在を学校で教わった記憶もありません。私は、自分のことを「日本国生まれ」だと思っていたのですが、じつは「被占領国日本生まれ」であることを知り、いささか大きな衝撃を受けました。

私が、私塾の旗揚げを「日本が被占領国から独立国になってからちょうど六十年」という二〇一二年に、そして、その旗揚げの場所と日を「靖國神社、八月一五日」としたことのこだわりは、このような「被占領国日本」にあったのです。

第二章

武士・武士道の言葉

前章で、「いまなぜ武士道なのか」、「武士道とは何か」について述べました。

本章では、戦国時代に生きた武士、太平の江戸時代の「武士道」の言葉を紹介したいと思います。それらの言葉が発せられた時代の雰囲気、時代背景を味わっていただくために、原文を示します（読みやすさを考え、主旨を損なわない程度に一部改変しています）。

武士（武家）の言葉としては、数多くある武家の「家訓」の中から、鎌倉幕府二代執権・北条義時の三男である北条重時（一一九三～一二六一）の『極楽寺殿御消息』百箇条の一部、戦国時代の名将・上杉謙信「家訓十六箇条」を選びました。これらはいずれも「生きるか死ぬか」の毎日を生きていた武士の生の言葉です。

江戸時代には多くの藩校でエリート武士が教育され、また、全国各地に開かれた私塾は幕末から維新にかけて活躍した志士を輩出しました。これら多くの藩校、私塾の中から、私は、私の会津藩に対する想いを込めて会津・日新館を選び、そこの教本である『日新館童子訓』の一部を取り上げます。この『童子訓』を読みますと、太平の江戸時代、〝会津武士〟、〝会津魂〟を育てた会津藩で、少年に対しどのような教育がなされていたのかを垣間見ることができます。

今日、「武士道」といえば、誰の頭にも浮かぶのが山本常朝・田代陣基『葉隠』と新渡戸稲造『武士道』（原題〝BUSHIDO : THE SOUL OF JAPAN〟）の二書でしょう。これらはいずれも、武士が戦場での武人として活躍していた時代に書かれたものではなく、それぞれ、太平の江戸時代、明治時代に書かれたものであることに大きな意味があります。

武士（武家）の言葉（家訓）と『童子訓』、『葉隠』、『武士道』の言葉は書かれた時代も背景もまったく異なるのですが、これらを通読してみますと、当然のことではありますが、重複した内容の言葉が少なくないことに気づきます。つまり、戦国の時代にあっても、太平の時代にあっても、「武士道」には普遍的な〝人生哲学・人生訓〟が含まれており、それらは決して、聖人に求められるような高邁、高尚なものではなく、まともな人間であろうとする誰にも求められるものばかりです。だからこそ、太平の現代に生きる私たち一人一人にとって価値がある言葉なのです。

いずれの原文にも、直訳ではなく、説明も兼ねた私の意訳をつけることにします。

例えば「主君」「主」を「自国」、「自分が属する組織の長、上司」などに置き換えて考えれば、そのまま通じます。

また、これらの言葉の中には立派な父母や師がしばしば登場し、そのような人たちを尊敬し、逆らうべからず、と教えるのですが、当時の父母、師と現代の若い父母、教師とを比べてみますと、両者にあまりにも大きな違いがあることは事実であり、私自身、これらの言葉をここに掲げることを躊躇《ちゅうちょ》する気持ちも否めません。最近、自分の子どもに暴力を振るったり、果ては死に至らしめるような「父親」や「母親」、さらには生徒に破廉恥な行為をする「教師」らがテレビのニュースに登場することが少なくないことを思いますと、私自身、父母や教師を念頭に置いた「武士道の言葉」を虚しくも思います。しかし、いくら「時代錯誤」と思われようとも、私は現代の「立派な父母や師」に期待を込め、あえて「父母、師を尊敬し、逆らうべからず」という言葉を掲げておきたいと思います。

日々の生活の中で、これらの言葉を反芻《はんすう》し、実践できれば、心豊かな充実した人生が送れ、対人関係もよくなり、ひいては日本国全体がよい社会になることでしょう。いうまでもないことですが、これらは私自身の自戒の言葉でもあります。

私たち日本人には理解できないさまざまな価値観を持ち、私たち日本人には理解できないさまざまな行動をする国、国民が少なくない世界に「武士道」を理解してほしいというような青臭い考えを私は持っていませんが、これから「二〇二〇年東京オリンピック・パラリンピック」を機に、日本への関心が高まる中で、「武士道の心」を少しでも世界に示したいものだと思います。

ところで、数多くの武士の言葉の中で、私が一つ挙げるとすれば、江戸時代初期、徳川家康、秀忠、家光の三代に仕えた徳川家の剣術指南役、柳生宗矩《やぎゅうむねのり》の、

小才は、縁に出合いて縁に気づかず
中才は、縁に気づいて縁を活かせず
大才は、袖すり合うた縁をも活かす

という言葉です。

この「縁」は「幸運」と置き換えることもできます。私は長い研究生活、そしておよそ七十年の人生で、「本当にその通りだ！」と思う言葉です。いつ「縁」や「幸運」に出合えるかは別にして、人生の中で、誰にでも縁や幸運は巡ってくるものです。しかし、惜しいかな、小才はそれらに気づかず、中才は気づいても、それらを活かす力がないのです。

イタリアのルネッサンスを代表するダ・ヴィンチは「幸運の女神には前髪しかない」といっているそうです。幸運の女神は長い髪を顔の前に垂らしてやってきます。そのため、近づいてくる時、たいていの人はそれが誰か気づかないのです。通り過ぎると頭の後ろが禿げているのでよく見えますが、つかまえようとしてもつるつる滑ってつかまえられない。幸運の女神をつかまえたいのであれば、近づいてきた時に、長い前髪をつかめ、ということです。つまり、幸運は一瞬のことが多いのです。幸運の女神はいつまでも自分のそばにいてはくれないのです。

化学、微生物学、医学で画期的な業績をあげたパスツールは「観察を伴なう分野では、幸運の女神は、普段十分に準備している者にのみ微笑む」といっていますし、高分子化学における貢献で一九七四年にノーベル化学賞を受賞したフローリーも「重要な発見というものは単なる偶然では起こり得ない。たしかに、幸運な偶然が部分的に作用することもあるが、それは一般の人が考えるような〝閃《ひらめ》き〟というよりもずっと〝創造〟の部分が多い。深くて広い知識が不可欠である。前もって思考力が十分にないと、一般の人がよくいう〝天才の閃き〟も起こらない。」といっています。

要するに、「運も実力のうち」、縁や幸運を活かせるか否か、それは才能と普段の努力次第なのです。

(二)『極楽寺殿御消息』

北条重時は駿河守、六波羅探題、相模守などを歴任した鎌倉時代の武将です。五八歳の時に出家し、貧民や病人を救済する社会事業で功績があった僧・忍性を鎌倉に招いて極楽寺を建立し、六四歳でこの世を去りました。『極楽寺殿御消息』は重時出家後の没年に近い時、極楽寺で書かれたものと思われます。「極楽寺殿」のゆえんも、そこにあります。

仏神を朝夕あがめ申、心にかけて奉《たてまつ》るべし。神は人の敬《うやま》うによりて威《い》を増し、人は神の恵みによりて運命を保つ。今生《こんじょう》の能《のう》には、正直の心をたまはらんと申べし。

人智を超えた存在である神仏を朝な夕なに崇め、心を込めて祈らなければならない。神は人が敬うことによって力を与えてくれ、人は神の恵みによって運命を切り開いていくことができる。この世に生まれたことを幸いにして、正直の心を与えてくださるよう祈るのがよい。

宮仕《みやづか》えのことはなくして、主の恩をかふむらんなど丶思ふ事は、舟もなくしてなん海わたらんとするに異ならず。

誠心誠意の仕事をしないで、主のご恩に与《あずか》ろうなどと思うのは、舟なしで海を渡ろうすることと同じで、無理な話である。

親の教訓をば、かりそめなりとも違《たが》へ給ふべからず。身に対しての事ならば、とにかくも仰せにしたがひ給ふべし。

――親が教え諭す言葉に、けっして逆らうようなことがあってはならない。どうしても自分にできないことならばともかく、できることであれば何でも、親の言葉に従いなさい。

人に立ち交はらんに、おとなしき人をば親と思ふべし。
若からんをば弟と思ふべし。

――人と交際する時には、年長の人は自分の親と思い、若い人は自分の弟と思いなさい。

道理の中に僻事《ひがごと》あり。又僻事のうちに道理の候。これ能々《よくよく》心得給ふべし。

道理といわれる事にも間違いがあるものだ。また、間違いといわれる事にも道理があるものだ。このことをよくよく心得ていてほしい。

いかほども心をば人にまかせて、人の教訓につき給ふべし。教訓する程の事は、すべてわろき事をば申さぬ物にて候。

できるかぎり従順な気持ちになって、人の教訓を聞き入れるようにしなさい。教訓といわれる事はすべて、悪い事をいっているはずがない。

振る舞ひも、家ゐも、持ち具足なども、分限にしたがひて振る舞ひ給べし。ことに過ぎれば、人の煩《わづらい》ある事也。

――振る舞いも、住まいも、持ち具足なども、すべて身の程に合わせなさい。身の程を過ぎれば、厄介なことになる。

傍輩《ほうばい》などの、主人より鼻突《はなつ》く事あらば、わが身の上の事より歎《なげき》給べし。

——同僚の者などが、主人から厳しいお咎めを受けるような事があれば、自分が受けた事と思って悲しく思いなさい。

只腹の立つまゝにあらば、後悔もあるべし。

――何事も、ただ腹立ちまぎれに行なうと、後悔せねばならぬことになる。

我を敬《うやま》ふ人のあらん時は、其人よりも猶下を敬ふべし。
又我を敬はぬ人なればとて、敬はざらんも悪しき事也。

自分を敬う人がいれば、なおさら下手《したて》に出てその人を敬うようにしなさい。また、自分を敬わない人だからといって、敬わないのはよくないことである。

何と騒がしく振舞ふとも、踏《ふ》み処《どころ》はよくよく見給ふべし。

――どれだけ騒がしく振舞っても、くれぐれも、自分の立場を忘れるような事があってはいけない。

歎《なげ》きわ何事にても同じかるべし。ともに歎《なげ》く心有べし。

――何事であっても悲しみは誰にとっても同じだから、共に悲しみ合う心を持つべきである。

生ある物を見ては、事にふれてあわれみを思ひ給ふべし。

——生き物を見たら、それが何であっても、憐れみの心を持って扱いなさい。

我がためのよき人には能々あたり、悪《わろ》き人には悪くあたるは、返々《かへすがへす》口《くち》惜《お》しきことにて候。

――自分にとって好ましい人にはよく振る舞い、悪い人には悪く振る舞うというのは本当に情けないことである。

高くば買うべからず。さのみ言葉をつくすは卑しき事なり。商人《あきひと》はそれにて身をすぐれば、安く買うも罪なるべし。

品物を高いと思うならば買わなければよい。高いということを口に出すのは賤しいことである。商人は利益を得るべく売ることによって生活しているのだから、安く買うのも罪なことだ。

何事もよきことのある時は、また悪しき事あるべしと思ひて、悪しき事のあらん時は、またよき事あるべしと思ひて、心を慰《なぐさ》め給べし。

何事につけても、よい事があれば、また悪い事もあるものだと思い、悪い事があった時は、またよい事もあると思って、心を慰めなさい。

善人の敵となるとも、悪人を友にする事なかれ。

――善人の敵となっても、悪人の友となってはいけない。

人を見るに、ことごとくよきものはなし。一もよき事あらば、それまでと思ひて、人を選ぶ事なかれ。我が心だにもよきと思ふ時もあり、悪《わろ》きと思ふ時もあり。

人について考える時、すべてにわたってよいというような人はいない。一つでもよいところがあれば、それでよしとし、とやかくいって人を選ぶべきではない。自分の心だって、よいと思う時もあれば、悪いと思う時があるのだ。

人の物を負ふては、急ぎ沙汰すべし。かりそめの事なりとも沙汰すべし。もしかなはぬ物ならば、その由《よし》を詫びなげくべし。

人に何かを請け負ったならば、急いで処理しなければならない。小さなことでも同じことである。もし、自分にできない事であれば、その理由を述べ、詫びるべきである。

人に物を盗まるゝ事ありとも、事欠けざらんには、あらはすべからず。

――人に物を盗まれる事があっても、とりわけ不自由しないのであれば、表沙汰にすべきではない。

人を掠《かす》めたる事あらばそれにまさる事必有也《かならずあるなり》。其《それ》を愚痴の者は知らぬこそ候へ。

人を欺いたりするような不正直なことがあれば、その行なったこと以上の報いが必ずある。愚かな者は、そのことを知らないのだ。

我が身足《た》らずとも、心狭《せば》き気色《けしき》人に見すべからず。

――自分に不足があっても、物欲しげな様子を人に見せてはいけない。

人の身に貪欲といふ心あり。その心を我が身に任せ給べからず。彼《かの》心を獄卒《ごくそつ》の使ひと思ひ給べし。

――人間には貪欲という心がある。その心に我が身を任せてはいけない。貪欲の心は地獄からの使者と思え。

戯《たわぶ》れなればとて、人の難を言ふべからず。我は戯れと思へども、人は恥づかしきによりて、過ちあるべし。戯れにも、人の嬉しむ事を宣《の》給《たま》ふべし。

たとえ冗談にしても人の欠点を言うべきではない。自分は冗談だと思っても、言われた当人は辱められたと思い、何かを仕出かすかもしれない。冗談でも、人が嬉しがる事を言ってあげなさい。

まことに過ごしたる事にてもあれ、又不慮《ふりよ》の事にあれ、歎かしき事の出来《いでき》たらんをも、あながち歎き給ふべからず。これも前《さき》の世の報いなりと思ひ給ふべし。

実務上の過失があったり、不慮の災難に遭遇したり、歎かわしい事が起こっても、慌てふためいてはいけない。これも前世の報いだと思って諦めなさい。

いかにも人のため世のためよからんと思ひ給ふべし。行末《いくすえ》のためと申《もうす》也。されば人のためよからんと思はゞ、末の世必ずよかるべし。我が身を思ふばかりにあらず。

ただただ人のため、世のためによいことだと思って行動すべきである。それが将来、来世のためというものだ。人のためになろうと思う人には、将来、必ずよい報いがあるものだ。自分の事ばかり考えてはいけない。

舟は舵といふ物をもつて、おそろしき浪をも凌《しの》ぎ、荒き風をも防ぎ、大海を渡る也。人間界の人は、正直の心をもちて、危《あぶな》き世をも神仏の助け渡し給ふ也。正直の心は無欲也。無欲は後生の薬也。

舟には舵という物があって、大きな浪を凌ぎ、嵐をも防ぎ、大海を渡っていく。人間は、舟の舵に相当する正直の心を持てば、神仏の加護によって危険な世の中を渡っていけるのである。正直の心は無欲であり、無欲は後々までのよき薬である。

（二）「上杉謙信公家訓十六箇条」

越後の上杉謙信（一五三〇～一五七八）は戦国武将の中で、現代日本人に最も人気がある武将の一人でしょう。甲斐の武田信玄との「川中島合戦」はあまりにも有名で、何度も映画化、テレビドラマ化されています。人気の秘密は天性の軍事的才能のほかに権威や伝統を重視する古風な精神と毘沙門天を熱烈に信仰する潔癖な性格で生涯独身であったことなどであろうと思われます。このような上杉謙信が遺したのが「上杉謙信公家訓十六箇条」で、石碑が米沢市の上杉神社にあります。私はいままでに、この石碑を何度か見ていますが、「十六箇条」を読むたびに、上杉謙信に惚れる想いがします。

一、心に物なき時は心広く体泰《やすらか》なり

――物欲がなければ、心はおだやかで、身体はゆったりとし、さわやかである。

二、心に我儘《わがまま》なき時は愛敬《あいきょう》失わず

――身勝手な振る舞いをしなければ人に好かれる。

三、心に欲なき時は義理を行なう

―無欲であれば、人の道にかなった正しい事を行なえる。

四、心に私なき時は疑うことなし

――私欲をはかる心がなければ、人を疑うことがない。

五、心に驕《おご》りなき時は人を教う

──驕り高ぶることがなければ、人を諭し教えることができる。

六、心に誤りなき時は人を畏《おそ》れず

―道理に外れることがなければ、人を畏れることがない。

七、心に邪見なき時は人を育つる

——無慈悲で残忍な気持がなければ、人を成長させることができる。

八、心に貪《むさぼ》りなき時は人に諂《へつら》うことなし

――貪欲な気持ちがなければ、人に媚《こ》びることはない。

九、心に怒りなき時は言葉和《やわ》らかなり

――心が穏やかな時は、言葉遣いも穏やかになる。

十、心に堪忍《かんにん》ある時は事を調《ととの》う

—じっと我慢すれば、何事も成就する。

十一、心に曇りなき時は心静かなり

――心に後ろめたいことがなければ、穏《おだ》やかでいられる。

十二、心に勇みある時は悔《く》やむことなし

一何事も勇気をもって行なえば、悔やむことがない。

十三、心賤《いや》しからざる時は願い好まず

――心が貧しくなければ、あまり願い事をしないものだ。

十四、心に孝行ある時は忠節厚し

――人に尽くす気持ちがあれば、自ずと忠節心も厚くなるものだ。

十五、心に自慢なき時は人の善を知り

―自慢する気持ちがなければ、人のよさがよくわかる。

十六、心に迷いなき時は人を咎《とが》めず

――心が乱れるようなことがなければ、人を咎めるようなことをしない。

（三）『日新館童子訓』

旧会津藩の藩校・日新館で藩士の師弟（一〇〜一五歳）の教育に用いられた修身の教科書が『日新館童子訓』です。五代藩主・松平容頌《かたのぶ》が藩の儒者、神道学者の参画を得て、上下二巻の木版本として刊行したのが文化元（一八〇四）年で、その全体を通じての基調は「孝行の道」です。

具体的には、父母、主君、目上の者に仕える心がけと作法が五十余項にわたって書かれています。なお、序文が当時、名君の誉れ高かった松平定信（一七五八〜一八二九）が書いていることが特筆されます。以下、現代でも拝聴すべき、いくつかの言葉を紹介します。

人は三の大恩ありて生をとぐる也　父母これを生じ君これを養ひ師これを教ゆ

人は三つの大恩によって人生を全うできるのである。われわれは父母の恩によってこの世に生じ、社会の恩によって生活し、師の恩によって学び教えられるのである。

其《その》恩を報ゆべき忠孝礼儀の道を知らざれば面は人にしても心は禽獣にひとし

――その恩に報いるべき忠・孝・礼・義を知らなければ、外見は人であっても心は畜生と同じである。

万《よろず》の災禍もつゝしみ薄より起る也　言に信ありていつはりなくまことあるを本とすべし　身に行はず口にいふは信なき也　人と約して其事を変ずるも信なき也

あらゆる災禍は慎《つつし》みが薄いことに起こるのである。自分の言葉には責任を持ち、嘘偽りなく誠実であることを根本としなければならない。実行できないことを口でいうのも、人と約束したことを守らないのも不誠実である。

父母を愛するものは和気《わき》愉色《ゆしょく》婉容《えんよう》ありとてやはらげる気色ありてこそ父母の心を慰むべけれ

——父母を愛する者は和《なご》やかでむつまじく愉快で柔和な顔つきで父母に接し、父母の心を慰めるものだ。

人を論ずる事巧《たくみ》なる者は己を察する事常《つね》に疎《うと》しといへり

我不善を改め及ばざるをのみ勤《つとめ》て露ほども人をそしるべからず　愚なるものは人の善を云《いは》ずして人の非を云《いふ》事を好み甚《はなはだ》しきは己をてらはんために人の非をあぐるは恥べきことにあらずや

人の事をとやかく論ずるのが得意な者は、自分の事にはいつも無関心なものである。自分が至らぬところを改めることに勤め、露ほども人を悪しざまに言ってはいけない。愚か者ほど、人のよいところを言わないで、好んで人の欠点を言う。甚《はなは》だしい場合は、自分の事を誇示するために人の欠点を言い立てるが、これはまことに恥ずかしい事ではないか。

志士は己《おのれ》欲し順《したが》はざるは事を人に及《およ》ぼさず　己欲する所を以て人に及ぼす

――高い志を持つ人は、自分がやりたくない事は人にやらせず、自分がして欲しい事を人にしてあげるものである。

何役ならば勤《つとむ》らむと競望する者は終身差たる事できぬものせ

——役目を選り好んで、われがちに望む者は一生かかっても大した仕事ができないものである。

天は人を鑑《かんが》み照して善悪必ず応報あり

――天は人の行ないを鏡に照らすように見ているから、必ず善悪の報いがある。

学習《がくなら》ふことまづ容を正く己《ただし》をへりくだり敬て其《その》業を受べし

――学問を習うにはまず学問を受けるという態度を正し、謙虚な気持ちで、師を敬い、授業を受けなければならない。

飲食を始め平日の事は長幼の齢《よわい》を以て長者に譲り先立ず　といへども事を勤る事は己力行《りっこう》して長者に譲らず

飲食をはじめ日常の事はすべてにおいて長幼の齢をわきまえ、年長者に譲り、自分が先に立たないのが礼儀ではあるが、こと仕事に関しては、長者に遠慮することなく努力して行ないなさい。

（四）『葉隠』

元禄一三（一七〇〇）年、佐賀二代藩主・鍋島光茂（一六三二～一七〇〇）が六九歳で病死した翌日、側役・山本常朝《つねとも》（一六五九～一七一九）は出家します。その十年後から七年間、この常朝を草庵に訪ねた元祐筆役・田代陣基《つらもと》（一六七八～一七四八）が常朝の口述を筆記したのが『葉隠』です。脱稿は享保元（一七一六）年、常朝はその三年後に六一歳で没しました。書名の「葉隠」のいわれについては諸説あります。江戸時代になっておよそ百年を経て、太平ムードの中で忘れられつつある「武士道精神」を実戦経験を持つ常朝が若き有為の武士・田代陣基に語ったのが『葉隠』の内容です。『葉隠』は「序論」に始まり「聞書第一」から「聞書第十一」まで、千三百四十三項に及ぶ膨大な語録です。以下、現代人が傾聴すべき人間の基本原則と理想に関する一部を紹介します。

武士道といふは、死ぬ事と見付けたり。毎朝毎夕、改めては死に改めては死に、常住死身《じょうじゅうしにみ》になりて居る時は、武道に自由を得、一生越度《をちど》なく、家職を仕果すべきなり。

武士道の本質は「死ぬこと」だと悟った。武士道をきわめるためには毎朝毎夕、死を覚悟して修行することが大切である。常に死を覚悟していれば、武士道が身につき、一生落ち度なく与えられた仕事を成し遂げることができるのである。

事に臨んで先づその事を差し置き、私を除きて工夫いたさば、大はづれあるべからず。

――大事なことに臨んでは、まず、そのこと自体から離れ、原則に照らし合わせ、私心を除いてじっくり考えれば、大きな間違いは起こらないだろう。

意見と云ふは、先ず其の人の請くるか請《う》けぬかの気をよく見わけ、入魂《じっこん》になり、此方の言葉を兼々《かねがね》信仰ある様に仕なして候。

人に意見する場合は、まず、その人にそれを受け入れる気持ちがあるかどうかをよく見きわめ、その人と親密になり、平素より、こちらの言葉を信用するように仕向けておかなければならない。

翌日の事は、前晩よりそれぞれ案じ、書き付け置かれ候。
これも、諸人より先にはかるべき心得なり。

翌日の事は、いつも前の晩より考えて書き留めておくのがよい。これも、万事、人より先に計画を立てておく心得である。

大酒にて後れを取りたる人数多なり。別して残念の事なり。先ず、我がたけ分をよく覚え、その上は呑まぬ様にありたきなり。

――大酒のために失敗した人の数は多い。とても残念なことである。まず、自分の適量をよく心得ておき、それ以上は飲まないようにしたいものである。

少々は、見のがし聞きのがしある故に、下々は安穏するなり。人の身持なども、此の心得あるべき事なり。

少々の事は見逃したり、聞き逃したりしてやることによって、部下は安穏に暮らせるのである。人の品行に対しても、このような心得が必要である。

諸人の中にて、第一よき所、一事宛持ちたる人の、そのよき事ばかりを選び立つれば、手本が出来るなり。よき所に心付けば、何事もよき手本師匠となる事の由。

多くの人の中から、それぞれの人が持っている第一の長所ばかりを選んで、それを学ぼうとすれば、それぞれが立派な手本となる。他人のよい所が気づくようになれば、誰でもよい手本、よい師匠になれるものである。

別けて取り込み居り候処《ところ》ほど押ししづめ、よき様に取合ひ仕《つかまつ》るべき事、侍の作法なり。

——特別忙しい時ほど、気持ちを落ち着けて、よい態度で相手に応じることこそ武士の作法である。

大雨の感《いましめ》と云ふ事あり。初めより思ひはまりて濡る丶時、心に苦しみなし、濡る丶事は同じ。これ萬《よろ》づにわたる心得なり。

――「大雨の教え」というものがある。最初から濡れるものと思っていれば、濡れても苦にならないし、濡れることにかわりはない。これは万事に通じる心得である。

盛衰を以て、人の善悪は沙汰されぬ事なり。盛衰は天然の事なり。善悪は人の道なり。教訓の為には、盛衰を以て云ふなり。

人の運命の盛衰によって、その人の善悪を論ずることはできない。盛衰は自然の成り行きによって決まるが、人の善悪は人の判断によって決まるものだからである。とはいえ、教訓のためには、人の盛衰を人の善悪に帰することもある。

利発を面に出し候者は、諸人請取り申さず候。ゆりすわりて、しかとしたる所なくては、風体宜しからざるなり。うやうやしく、にがみありて、調子静かなるがよし。

利発さを顔に出す者は、人々から信用されないものである。どっしりとして、しっかりしたところがなくては見た目がよろしくない。礼儀正しく、苦みがあって、静かな様子がよろしい。

人に出会い候時は、その人の気質を早く呑込み、それぞれに応じて会釈あるべき事なり。

――人と出会う時は、相手の気性を早く知り、それに合わせた応対をするべきである。

唯今がその時、その時が唯今なり。二つに合点してゐる故、その時の間に合はず。

「いま」が「重要な時」、「重要な時」が「いま」なのである。これらを別々に考えているから、いざという「重要な時」に間に合わないのである。

下賤より高位になりたる人は、その徳ある故なり。もとより、その位に備はりたる人よりは、下より登りたるは、徳を貴《とうと》みて一入《ひとしお》崇敬する筈なり。

低い身分から高位に上がった人は、それだけの徳があったからである。下から上に上がった人は、はじめから高位の家柄に生まれた人よりも、それだけの徳があるのだから、その徳を貴《とうと》び一層崇敬しなければならない。

慈悲といふものは、運を育つる母の様なものなり。無慈悲にして勇気ばかりの士、断絶の例、古今顕然なり。

慈悲の心は幸運を育てる母のようなものである。勇気ばかりで無慈悲な武士が絶え果てることは古今の例によってまことに明らかである。

世が末になりたるとて、人々思ひくだし、精を出さぬは無念の事に候。世に、世に咎《とが》はこれなし。

世が末になったからといって、人々の志が下がり、何事に対しても精を出さなくなったのは残念なことである。しかし、世に責任があるわけではない。そのような人々自身に責任があるのである。

公事《くじ》雙論《そうろん》など取合ひのとき、「追って了簡《りょうけん》いたし、御返答仕るべく。」と、申したるがよし。たとひ一通り申したりとも、「猶又了簡いたすべき。」と、末を残したるがよし。

訴訟の論争などに関わりあう時、「さらによく考えてから返答させていただく」などというのがよい。たとえ、意見を一通り申し述べたとしても「さらにまたよく考えてみたい」と論争の余地を残しておいたほうがよい。

士は難儀の時、見継ぐが義理なり。

――武士は、人が難儀している時にこそ援助するのが義理である。

（五）『武士道』

新渡戸稲造の『武士道』については、すでに第一章で述べました。

以下は、原書〝BUSHIDO : THE SOUL OF JAPAN〟(13th EDITION 1908, Merchant Books）から一部を引用するものです。

Knowledge becomes really such only when it is assimilated in the mind of the learner and shows in his character.

知識はそれを学ぶ人の心に同化し、その人格に現れる時にのみ真実のものになる。

Bushido made light of knowledge as such. It was not pursued as an end in itself, but as a means to attainment of wisdom.

武士道は知識のための知識を軽視した。知識はそれ自体を目的として求めるべきではなく、叡智を得るための一つの手段である。

Nothing is more loathsome to him than underhand dealing and crooked undertakings.

武士にとって、卑劣な行動や不正な振る舞いほど忌まわしいものはない。

Courage is scarcely deemed worthy to be counted among virtues, unless it is exercised in the cause of Righteousness. Perceiving what is right, and doing is not, argues lack of courage.

勇気は「正義」のために行使されないのであれば、徳の中に数えられる価値はほとんどない。

義を見てせざるは勇なきなり。

Love, magnanimity, affection for others, sympathy and pity, which were ever recognized to be supreme virtues, the highest of all the attributes of the human soul.

愛、寛容、他者に対する慈愛、同情、そして哀れみは、古来、至高の徳、つまり人間の魂のあらゆる属性の中で最高のものと認められてきた。

Benevolence is a tender virtue and mother-like.

> 仁は優しい徳であって、母親のようなものである。

It is universally true that the bravest are the tenderest, the loving are the daring.

「最も勇敢な者は最も柔和な者であり、愛ある者は勇気ある者である」というのは普遍的な真理である。

The cultivation of tender feelings breeds considerate regard for the sufferings of others. Modesty and complaisance, actuated by respect for others' feelings, are at the root of politeness.

優雅な感情を育めば他人の苦痛に対するおもいやりが生まれる。他人の感情を尊敬することから生じる謙譲と親切は礼の根本である。

In its highest form, politeness almost approaches love. We may reverently say, politeness "suffereth long, and is kind; envieth not, vaunteth not itself, is not puffed up; doth not behave itself unseemly, seeketh not her own, is not easily provoked, taketh not account of evil."

礼は、その最高の姿としてほとんど愛に近づく。われわれは敬虔な心をもって、「礼は寛容で、おもいやりがあり、人を妬まず、自慢せず、思い上がらず、分を弁え、自己の利益を求めず、容易に怒らず、悪をたくらまないもの」であると言い得るであろう。

Veracity or truthfulness, without which politeness is a farce and a show.

誠実と真実がなければ、礼は道化芝居か見せ物の類いである。

The idea of honesty is so intimately blended, and its Latin and its German etymology so identified with honor.

正直の観念は名誉と密接に一体となっており、ラテン語とドイツ語の「正直」の語源は「名誉」と同一である。

The sense of honor, implying a vivid consciousness of personal dignity and worth, could not fail to characterize the samurai, born and bred to value the duties and privileges of their profession.

生まれながらにして自己の身分に伴う義務と特権を重んじるように育てられた武士を特徴づけるのは名誉という感覚である。それは、個人の尊厳と価値の明確なる自覚を伴う。

The sense of shame (Ren-chi-shin) was one of the earliest to be cherished in juvenile education.

> 恥を知る心、すなわち廉恥心は少年教育において最初に養成されるものの一つであった。

Life itself was thought cheap if honor and fame could be attained therewith: hence, whenever a cause presented itself which was considered dearer than life, with utmost serenity and celerity was life laid down.

もし名誉や名声が得られるならば、命《いのち》そのものは安いものだと考えられた。したがって、命より大切とされる事由があれば、命はこの上ない平静さと迅速さをもって棄てられた。

The first point to observe in knightly pedagogics was to build up character, leaving in the shade the subtler faculties of prudence, intelligence and dialectics.

武士の教育において何よりも重要視されたのは品性を高めることであり、如才なき分別、知性、雄弁などは重んじられなかった。

Bushido is uneconomical; it boast of penury. Ambition, the soldier's virtue, rather makes choice of loss, than gain which darkens him.

武士道は非経済的である。武士道は貧困を誇るのである。武士の徳である名誉心は、利益を得て名を汚すよりもむしろ損失を選ぶ。

When character and intelligence, when the souls and not the head, is chosen by a teacher for the material to work upon and to develop, his vocation partakes of a sacred character.

知識でなく品性が、頭脳でなく魂が学習、啓発の素材として選ばれる時、教師という職業は聖職の性質を帯びることになる。

The present system of paying for every sort of service was not in vogue among the adherents of Bushido. It is believed in a service which can be rendered only without money and without price.

あらゆる種類の仕事に対して報酬を与えるという現代の制度は、武士道の信奉者の間では広まらなかった。武士道は、金銭あるいは代価に置き換えられない仕事もあるのだと信じたからである。

Self-control was universally required of samurai. The discipline of fortitude on the one hand, including endurance without a groan, and the teaching of politeness on the other, requiring us not to mar the pleasure or serenity of another by manifestations of our own sorrow or pain.

武士に普遍的に求められたのが克己心だった。武士道は、一方では悲嘆や苦痛に喚くことなく耐える不屈の精神の鍛練を教えた。他方では、礼の教訓が自分の悲嘆や苦痛を外に表して他人の快楽や平穏を害することがないように求めた。

It was considered unmanly for a samurai to betray his emotions on his face. “He shows no sign of joy or anger,” was a phrase used in describing a strong character.

武士が感情を顔に出すのは男らしくないと考えられた。「喜《き》怒《ど》哀楽《あいらく》色《いろ》に現《あらわ》さず」というのは優れた人物を評する時の言葉だった。

I admit Bushido had its esoteric and exoteric teachings; these were eudemonistic, looking after the welfare and happiness of the commonalty, while those were aretaic, emphasizing the practice of virtues for their own sake.

私は武士道が、自分たちのみの奥義ともいうべき教訓と通俗的な教訓の両方を持っていたことを認める。前者は、武士階級自身のための徳の実践を強調するものであり、後者は一般庶民の福祉と幸福を希求するものであった。

The samurai grew to be the beau ideal of the whole race. There was no channel of human activity, nor avenue of thought, which did not receive in some measure an impetus from Bushido. Intellectual and moral Japan was directly or indirectly the work of Bushido.

武士は日本民族全体の理想像となった。武士階級は商業に従事することを禁じられていたから、直接的には商業を助けなかった。しかし、いかなる人間的活動も、いかなる思想も武士道の刺激を受けないものはなかった。日本の知性と道徳は直接的に、あるいは間接的にも武士道の所産であった。

【参考図書】

山本常朝・田代陣基（和辻哲郎・古川哲史校訂）『葉隠（上、中、下）』（岩波文庫）
山本眞功（編註）『東洋文庫 家訓集』（平凡社）
松平容頌（土田直鎮現代語訳校閲）『日新館童子訓』（三信図書）

第三章

「武士道」に学ぶ日本人の生き方

本当の豊かさ

誰でも〝幸福な人生〟を求めています。私は〝幸福な人生〟に〝豊かさ〟は必要不可欠であろうと思います。

私は私なりの〝豊かさ〟観を持っていますが、一般的な〝豊かさ〟とは何なのでしょうか。

私は、国民的日本語辞典『広辞苑』で〝ゆたか【豊か】〟をどのように説明しているのかを調べてみて驚きました。

そこには「①物が豊富で、心の満ち足りているさま。②財産がたくさんあるさま。経済的に不足のないさま。富裕。③物が内部に充ち、ふくらみの出ているさま。（傍点筆者）」と説明されているではありませんか。私は、これを見て「えっ」と愕然としたのですが、読者のみなさんはいかがでしょうか。もしも、「その通り！」と思われたのであれば、是非とも、本書をじっくりと読んでいただきたいと思います

私は、私が思っていた〝豊か〟と日本を代表する国語辞典が説明する〝豊か〟があま

りにも乖離《かいり》していることに、愕然としたのです。

国民的日本語辞典における〝豊かさ〟は、まさに、一元化した「物質的豊かさ」「経済的豊かさ」だけなのです。「金本位《かね》主義」「拝金主義」の日本を代表する国語辞典にふさわしい説明ではあるのですが、私は、私の日本語力が心配になり、すがるような気持ちで、他の国語辞典（『新明解国語辞典』）にあたってみました。安心しました。「①必要なものが十分満たされた上に、まだゆとりが見られる様子。②いかにもおおらかで、せせこましさを感じさせない様子。③その要素が、隠すべくも無くあたりに漂っている様子。（傍点筆者）」と、私が思っていた「豊かさ」がそのまま説明されています。この中の「必要なもの」というのが重要です。何が「必要なもの」であるかは、人それぞれです。もちろん、『広辞苑』が記すように、それが「物」であっても「お金」、「財産」であっても構いません。しかし、人間にとって、人間の〝幸福な人生〟にとって、「必要なもの」は「物」や「財産」だけではないでしょう。もちろん、必要最低限の経済的基盤がないことには話になりませんが、いささかキザったらしいことをいわせていただければ、私の〝幸福な人生〟にとって、とりあえず、「必要なもの」は自由な時間、知的好奇心を刺激し合える友人、などなどです。さまざま「愛」も必要でしょう。フランスの文豪・ユーゴーは「人生最上の幸福は、愛されているという確信にある」（『レ・ミゼラブル』）とさえいっています。

いずれにせよ、自分に「必要なもの」が十分に満たされていれば、「ゆとり」も「おおらかさ」も生まれるでしょう。

それにしても、日本を代表する国語辞典が〝豊かさ〟について「物質的豊かさ」「経済的豊かさ」しか説明していないというのは、いささか情けないことだと思います。しかし、それは、現代の「金本位主義」「拝金主義」「物質主義」の日本の社会を反映したものなのでしょう。確かに、「必要なもの＝金、物」という人間が圧倒的に多いことも事実でしょうから、『広辞苑』の説明は的を射た正しいものなのかもしれません。さすがに、『広辞苑』は「日本を代表する国語辞典」です。

つまり、現在の大半の日本人にとって、物欲、金銭欲を満たすことが「幸福」なのです。

もちろん、何をもってして人生の充実感、幸福感を覚えるかは個人の価値観、人生観に依存するものですから、それらの間に〝優劣〟というようなものはないでしょう。また、他人がとやかくいうようなものでもないだろうと思います。他人や社会に迷惑を掛けない限り、個々人がどのような価値観、人生観を持とうと構いません。

少欲知足、簡素な生活

私は、物欲から離れた「簡素な生活」こそ、私たちにほんものの幸福と人生の至福をもたらしてくれるのではないかと思っているのです。また、私たちは「エコノミック・アニマル（経済的利益追求動物）」の状態から解放されることによって、万病の元と思われる余計なストレスから解放され、ほんものの、人間らしい健康的な生活を送ることができるのではないかと思っているのです。

万病の元であるストレスの多くは「欲望」から生まれるのです。

したがって、多くのストレスの処方箋は「少欲《しょうよく》知《ち》足《そく》」であり、究極的には「無欲満足」ということになるでしょう。

私は古希と呼ばれる年齢になりましたが、「はじめに」で触れました「知足の者は貧しといえども富めり、不知足の者は富めりといえども貧し」（『佛遺教経』）はまさに名言だと思います。私は実際に、「貧しくても富んだ知足の人」も「富んでも貧しい不知足の人」もたくさん見てきました。物質的欲望を果てしなく拡大し、「物質・金」を執拗に求め、「真の豊かさ」から遠のくばかりの人がたくさんいます。

およそ百年前、フランスの宗教家・ヴァグネルは「人々がパンのため、必需品のために闘うのは自然の法則」であるけれども、「人は欲求と欲望が多ければ多いほど、その同胞と争う機会が多いものであり、それらの争いは原因が正しくないだけ、執念深いもの」で、「あまたの無理な欲求の奴隷となった人にとっては、所有することが何物にもまさった善であり、他のあらゆる善の源」となり「物事や人間はついにはその金銭的価値によって、そしてそれから引き出すことのできる利益によって、評価されるようになってしまう。」（大塚幸男訳『簡素な生活』講談社学術文庫、二〇〇一）と述べています。私は、その通りだと思います。

また、古代ローマの賢人・セネカは「誰彼を問わず、およそ多忙の人の状態は惨めであるが、なかんずく最も惨めな者といえば、自分自身の用事でもないことに苦労したり、他人の眠りに合わせて眠ったり、他人の歩調に合わせて歩き回ったり、何よりいちばん自由であるべき愛と憎とを命令されて行なう者たちである。彼らが自分自身の人生のいかに短いかを知ろうと思うならば、自分だけの生活がいかに小さな部分でしかないことを考えさせるがよい。それゆえに、大官服をすでに何度も着た人を見ても、大広場で名声を高めている人を見ても、そんなとき君は羨んではいけない。高官や名声は、人生を犠牲にして獲得されるのだ。（傍点筆者）」（茂手木元蔵訳『人生の短さについて』岩波文庫、一九八〇）と述べています。

そして、まことに興味深いことに、吉田兼好も『徒然草』の中で「名誉や利益のために、自分の身体を使役されて、心静かにのんびりとする時間もなく、一生を苦しむのは愚かなことである。（中略）大きな車、立派な馬、黄金や宝石の飾りも、ものの道理のわかった人ならば、甚だ馬鹿げたものだと考えるべきである。お金は山に捨て、宝石は海に投げ入れるべきである。利益に迷うのは甚だ愚かな人間である。」、「人は、自分の生活を簡素にして、贅沢をやめ、財産を持たず、世間的な名誉や利益をむやみに求めないのが立派なことなのである。昔から、賢い人で金持ちになったのは稀なことである。」（筆者訳）と、セネカと全く同じ主旨のことを述べているのです。

私は、このような言葉を読むにつけ、古今東西、「物欲にまみれ、名声を追い求め、忙しく働く人」がたくさんいたんだなあ、とついニヤっとしてしまいますが、人間の愚かさというものは古今東西変わらないのだなあ、とも思います。

そして、名誉とか利益とか、物欲とかのために自分を殺してしまうような人生を捨て、世俗的価値観が通用しない世界に自らを置いた先達として、私が憧れの気持ちをもって思い浮かべるのが江戸後期の禅僧・良寛です。良寛は何ものにもとらわれない心を持ち、穏やかに、やさしく、自然の中に埋もれるような一生を送ったそうです。

現代では、名誉、利益、物欲、競争原理とは無縁で、排他性を持たず、己の利益を捨ておいても、他人の幸福のために尽くすのが「フーテンの寅さん」です。私は映画『男はつらいよ』に登場する寅さんや帝釈天門前町の住人たちを見るたびに、彼らは簡素で、ほんものの人間らしい健康的な生活を送っているなあ、とつくづく思います。

第二章で読みましたように、『武士道』には「武士道は非経済的である。武士道は貧困を誇るのである。」とさえ書かれています。

武士は貧困を誇り、経済的には低く、思想的には高く生きたのです。

ブータン人の幸福

日本を含む多くの国が「GDP（国内総生産）」の成長を追い求めている中で、ヒマラヤ山脈の東側に位置する小国・ブータンは「GDPよりもGNH（国民総幸福）」を国是としています。「3・11」の直後、ブータンの若い国王夫妻が被災地・福島を訪れたことで、日本でも一時的に「ブータン・ブーム」が起こりました。

ブータンのある年の「国勢調査」によれば「あなたは幸福ですか」との問いに、国民の九七％が「はい」と答えたというのです。いま、同じ質問を日本人にしたら何パーセントの日本人が「はい」と答えるでしょうか。半数を超えることはないような気がします。

私は、この「幸福大国」ブータンに大いなる興味を持ち、二〇一二年の夏、正味六日間の短期間ながら、自分の目で、この国の実情を垣間見てきました。

最近の学校では英語が重視されているようで、幸い、ブータンの若い人たちは英語が話せます。私は宿泊したホテルの従業員らとの会話から、「ブータン」の実情の一端を窺い知ることができ、感動させられたことは少なくありませんでした。

ブータンの国民の「幸福」の中身は何なのでしょうか。

私は、高校を卒業してから数年というホテルの女性、男性従業員の数人に「あなたたちの生活で一番大切だと思うものは何ですか？」と聞いてみました。彼らはニコッと笑って、口を揃えて「家族や隣人」と答えてくれました。私が「隣人というのは具体的にどういうことですか？」と聞くと「お互いの助け合い」ということでした。また、私は意地悪く「自分さえよければよいと考えたことがありますか？」と聞いたら、彼らは一様に「えっ？」という顔をして、はっきりと「ありません」と答えました。一般に、ブータン人は、ごく自然に「自分だけの幸せというのはあり得ない」「他人が幸せにならなければ、自分は幸せになれない」と考えているようです。

彼らは若い人たちでしたので「最近はテレビでいろいろなものがたくさん宣伝されているけど、欲しくはならないの？」と聞きました。もし彼らが「欲しいと思わない」と答えたならば、私は彼らの言葉を信じなかったのですが、彼らは「欲しいと思う物もあるけど、無理してまで欲しいとは思わない」といいました。私は、彼らの言葉を信じました。

私のブータンでの感動の源泉は、日本を含み、時代の流れと共に古き習慣は廃れ、欧米の物質経済至上主義の価値観が横行する国が多い中、ブータンが守っている豊かな自然環境、伝統的文化・精神、総じて〝スロー・ライフ〟、人と人との実質を伴う真の〝絆〟です。そして、伝統的民族衣装であるゴ、キラを日常的に着用しているブータン人、特に子どもたちの表情がじつに清々しく、屈託がなく、見るからに幸せそうなことです。また、町のどこにでもいるたくさんの野良犬（ブータンでは〝みんなの犬〟と呼ぶそうです）たちも自由気ままに暮らし、じつに幸せそうなのです。犬好きの私にとってはとても嬉しいことでした。

もちろん「幸福観」は人それぞれで一様ではありませんが、概して「幸福感」＝「財産」／「欲望」という簡単な分数式で表すことができるのではないでしょうか。「財産」にも「欲望」にも物質的なものと精神的なものが含まれます。誰でも「幸福感」を高めたいのですが、現在の日本やアメリカに代表される「文明国」では、分子の「財産」を大きくすることに躍起《やっき》になっています。困ったことに、人間というものは、分子の「財産」が大きくなればそれでよさそうなものですが、それに伴って分母の「欲望」も大きくなってしまうようです。分数式から明らかなように、分母の欲望を多くすればするほど、足ることも満足も遠のいてしまいます。まさに「知足の者は貧しといえども富めり、不知足の者は富めりといえども貧し」「足ることを知る者は心安らかなり」なのです。

ところが、昔の日本でもそうだったのですが、ブータンは分母の「欲望」が小さなことで大きな「幸福感」を得ているのです。まさに「知足の者は貧しといえども富めり」です。

先日、久し振りに京都の龍安寺を訪ねました。

私は方丈南庭の縁側に座って石庭を眺め、しばし俗塵を忘れました。

私がいつも龍安寺で感心するのは石庭のほかに、縁側を右に曲がったところにある徳川光圀の寄進といわれるつくばいです。水が溜まる中央の「口」を四方の文字の偏《へん》や旁《つくり》などにして共用すると「吾唯知足（吾れ唯足るを知る）」と読めます。「少欲知足」と同じ主旨の言葉です。

いま日本人は、長らく「手本」にしてきた「アメリカ」から「ブータン」に眼を向けるべきです。

日本人が幸福になるためには「量から質への価値観の転換」、「物質的満足感から精神的満足感への転換」、さらに「分《ぶん》をわきまえ、足るを知る勇気」、つまり総じて「新しい人生観」が必要です。

しかし、物質的豊かさと便利さに慣れ親しんできた日本人にとって、いずれも簡単なことではありません。結局、一人一人の日本人がなすべきことは、物質的豊かさを至上とした生活習慣の反省であり、「無駄を減らした質素な暮らし」を志向する革命でしょう。いずれにしても、一人一人が「吾唯知足」を念頭に置かなければ、すべては「絵に描いた餅」になってしまいます。これから、日本人の幸福感の基盤となるキーワードは「吾唯知足」です。

この時、日本が「師」と仰ぐべきなのが「幸福大国」ブータンでしょう。

しかし、残念ながら、「師」と仰ぐべきブータンが急速に変わりつつあります。

一九九九年から相次いで解禁されたテレビやインターネットによって、また急速に普及していくスマホによって、ブータンにも「ＩＴの波」が押し寄せつつあるのです。まだ少ないながらも、町にはＩＴ関連の店がポツポツと現れています。つまり、これから、否応なしにブータン人も多量の情報にさらされることになるのです。私たち自身が経験してきたように、情報は確実に欲望を増大させます。

私が小さい頃（昭和三〇年代初頭）、テレビにアメリカのホームドラマがたくさん登場しました。そこに映し出された大きな家、大きな冷蔵庫、いかにも心地よさそうなリビングルーム、物に溢れたスーパーマーケット、などなど、戦後の日本人はテレビを通じてアメリカの〝豊かさ〟と〝贅沢〟に憧れ、物質的欲望を膨らませてきたのです。

しかし、このアメリカでも、一八五四年に発行されたアメリカ文学の古典『森の生活』の中で詩人、博物学者のソローは「贅沢に富んでいる人間は、単に快適にあたたかになっているだけではなく、不自然に熱くなっているのだ。かれらは料理されているのだ……もちろん当世風に。」（神吉三郎訳）といっていました。さらに「大部分の贅沢は、そして多くのいわゆる人生の慰安物は、人類の向上にとって不可欠でないばかりでなく、積極的な妨害物である。」とさえ。

増大した欲望に見合った幸福感を得るためには財産を増大させなければなりません。そのためには、日本人がそうしてきたように、ブータン人もライフ・スタイルの変換が必要になってしまうでしょう。ブータン人の幸福の源泉であった「少欲知足」のスロー・ライフは崩壊せざるを得ないでしょう。「幸福大国・ブータン」は存続できるでしょうか。私が大いに危惧するところです。

武士は食わねど高楊枝

私はここでアメリカの大学にいた頃のことを思い出します。

かつての日本の大学のような「講座制」がないアメリカの大学では、教授、研究者は個別的に研究テーマを自由に選べます。しかし、アメリカの大学における研究費は、基本的に自分で外部から獲得しなければなりませんので、この自由は、自分で研究資金を調達できる限りにおいて、という条件付きです。このような自由と実力主義は研究の活力の大きな源泉になっていると思いますし、能力がある若い研究者にとっては大きな魅力です。したがって、アメリカの大学には、さまざまな民族の〝外国人〟がさまざまな国から集まって来ます。

その反面、アメリカの教授は研究の遂行に欠かせない大学院生や助手を自分で養わなければなりませんので大変です。これらの人材を確保するためには研究費が必要であり、研究費を学外から獲得するためにはよい研究成果を出さなければならないということになります。

このような循環の中で、研究者としてはあるまじきことではありますが、研究費を獲得するために、日本でも騒がれた「ＳＴＡＰ細胞」などのようなデータの捏造がないこともないのです。実際、私は某国出身の教授の下で仕事をしていた助手から〝データ捏造〟の悩みを打ち明けられたことがあります。世界にはさまざまな価値観があり、私には信じられないことですが、データの捏造、アイデアの盗用などを「それほど悪いことは思わない」人間もいるのです。結果がどうであれ〝過程〟を重視してくれる日本の社会と異なり、「結果がすべて」のアメリカでは「勝つためには何をやっても……」と思う不逞《ふてい》の輩《やから》がいても不思議ではないのです。残念ながら、最近は、日本でも似たような傾向が強くなりつつあります。

ともあれ、研究費獲得競争に負けた時、私をいつも支えていたのは「武士は食わねど高楊枝」でした。武士はたとえ経済的には苦しくても、損得で動いてはいけないし、いわんや不正を働いてはいけないのです。競争に勝った時は、相手に対し「武士は相身互《あいみたが》い」という「武士の情《なさ》け」を持たねばなりません。これらのことを、アメリカ人はじめ、中国、ロシア、ポーランドなどさまざまな国から来ていた私のグループの研究員や大学院生に、私は得意になって話していたのですが、彼らはその〝サムライ精神〟に敬意を表してくれてはいたものの、異文化の中で育った彼らがどれだけ理解してくれていたか、それは定かではありません。

私は「武士は食わねど高楊枝」という言葉が好きです。これは「武士の商法」と対になっている言葉ですが、一種の「やせ我慢」です。武士はたとえ経済的には苦しくても、損得で動いてはいけないのです。商人には許されても、武士は行動基準を「損得勘定」や「経済」に置くことは許されないのです。一億総商人になってしまった感がある現代の「金儲け、経済本位」の「商人国家」日本には、いま、この「武士は食わねど高楊枝」

の精神が必要なのではないかと、私は思うのです。

内村鑑三は『代表的日本人』で西郷隆盛を「西郷ほど生活上の欲望のなかった人は他にいない、身の回りのことに無関心なら、財産にも無関心だった」と書き、「命も要らず、名も要らず、位も要らず、金も要らず、という人こそもっとも扱いにくい人である。だが、このような人こそ、人生の困難を共にすることのできる人物である、また、このような人こそ、国家に偉大な貢献をすることのできる人物である。」という西郷自身の言葉を紹介しています。もちろん、現在の日本の政治家や官僚と西郷を比べては、西郷にまことに失礼ではありますが、その失礼を覚悟であえていえば、現在の日本の政治家や官僚に、西郷の「爪の垢《あか》」でも煎じて飲ませたいと思うのは私だけではないでしょう。

ところで、ここで西郷がいう「もっとも扱いにくい人」は「本来無一物」を終生の信条とした山岡鉄舟を指すものと考えられていますが、西郷自身にとって「もっとも扱いにくい人」が山岡鉄舟であったことは明らかです。ちなみに、山岡鉄舟は「明治維新」の大立役者の一人であり、幕臣だったにもかかわらず、維新後、宮内省に奉職を命じられ、華族に列せられるのですが、その時、「食うて寝て働きもせぬ御褒美に蚊族となりてまたも血を吸ふ」という歌を口ずさんだといわれています。また、鉄舟はかなりの俸給を得るようになっても、その金はみな困った人たちに融通してしまい、自分は死ぬまで清貧で通したそうです。

余談ながら、拙宅には「人の一生は……」で始まる徳川家康の遺訓を書いた先祖伝来の鉄舟の見事な墨蹟があり（なぜ拙宅にあるかについては興味深いエピソードがあるのですが割愛）、私は時おり床の間に掛けて眺めるのですが、家康の遺訓の意味と「本来無一物」の鉄舟の生きざまを重ね合わせますと、まことに感慨深いものがあります。

義理と人情の「この世界」

武士に求められる「徳」は少なくないのですが、その中で最も厳格なものは「義」でしょう。「義」は簡単な概念ではないのですが、国語辞典が述べるところの一般的な意味は「道理、条理、人間の行なうべき筋道」です。ここで問題になるのは「人間が行なうべき筋道」とはなんぞや、ということです。「人間」にもいろいろな人間がいます。したがって「行なうべき道筋」もいろいろでしょう。武士にとって「義」に反するのは〝卑劣なる行動〟であり、〝曲がりたる振る舞い〟です。「人は才能や学問があるといっても、義がなければ武士たる人間になることができない。義があればたとえ功績がなくても立派な武士である」のです。

義理は〝正義の道理〟であり、元来〝義務〟を意味したのですが、義理が意味するものはそれほど単純ではありません。〝義〟と〝義理〟は似てはいるのですが、同一のものではありません。

この〝義理〟とは何かを説明するのは、相手が日本人であっても、特に若い日本人には簡単なことではありません。いまの若い人には笑われるでしょうが、私は村田英雄のヒット曲「人生劇場」の「義理がすたれば　この世は闇だ」、「義理と人情の　この世界」という歌詞（佐藤惣之助作詞）が好きです。

日本を代表する国語辞典『広辞苑』によれば「①物事の正しい筋道。道理。②わけ。意味。③（儒教で説く）人のふみ行うべき正しい道。④特に江戸時代以後、人が他に対し、交際上のいろいろな関係から、いやでも務めなければならない行為やものごと。体面。面目。情誼。（傍点筆者）」と説明されています。いまここで話題にしている〝義理〟は④です。

私は、アメリカで暮らしていたころ、実際に何度も経験したことですが、この〝義理〟の「いや、、、でも務めなければならない」という箇所を欧米人にわかるように説明するのはまことに困難なのです。合理主義の欧米人は「いやなら務めなければいいではないか」と考えるのです。

一般に〝義理〟に対応する英語には〝duty〟と〝obligation〟があるのですが、これらの意味の違いは明確で、〝duty〟が「法律に従って人が行なうべきこと、また避けるべきこと」であるのに対し、〝obligation〟は「慣例、慣習、礼儀作法を守るために、あるいは約束や協定を実行するために、人が行なわなければならないこと」です。いずれにも「いやでも務めなければならない」というニュアンスはなく、日本人の「義理がすたれば　この世は闇だ」の〝義理〟に直接当てはまるような英語はないのです。

日本文化研究の「名著」とされている『菊と刀』の著者であるルース・ベネディクトですら、義理を「不本意ながらすること」、また「義理を返すことは不愉快なことだらけである」と説明しているように、彼女でさえ日本人の「義理がすたれば　この世は闇だ」を理解できているとは思えないのです。

　日本の〝義理〟が〝duty〟や〝obligation〟と異なるのは「交際上のいろいろな関係から、たとえ本心から気がすすまなくても、やらなければならない行為」であることでしょう。しかし、〝義理〟はベネディクトがいうように〝不本意ながらすること〟ではありません。ましてや、〝「義理を返すこと」は不愉快なことだらけ〟ではないのです。日本人にとって（いまや、〝昔の日本人にとって〟というべきでしょう）「義理を果たすこと」、「義理を返すこと」は結果的に本意であり、気持ちのよいこと、嬉しいことなのです。西欧流の「合理主義」から考えれば、「不本意ながらすること」＝「不愉快なこと」という単純な式が成り立つのかもしれませんが、日本人の心としては、そのような「合理主義」を排除することが合理的なのです。

　私は、〝義理〟は私たちが両親、目上の人、目下の人、一般社会などなどに負う純粋かつ単純な義務だと思います。私は義理堅い人が好きですし、義理堅い人は信用できます。「義理がすたれば　この世は闇だ」、「義理と人情の　この世界」だと心底思います。

しかし、いまの世の中を見渡しますと、己の単純な義務さえ果たさず、権利のみを主張している日本人があまりも多くはないでしょうか。

かのベネディクト女史でさえ、「あらゆる風変わりな道徳的義務の範疇の中でも、もっとも珍しいものの一つ」と呼び、結局理解できなかったのが日本人の〝義理〟でした。とやかくどのような行為に対しても、愛あるいは感性が強烈に働けば話は簡単です。という理屈は不要です。愛あるいは感性が強烈に働かない時、私たちの行為には理屈、理由づけが必要になります。それが〝理性〟というものです。新渡戸稲造の言葉を借りれば、義理が義務を遂行するための〝厳しき監督者〟、〝鞭《むち》〟となるのです。

礼儀正しく生きる

私自身が年を取った証拠の一つかもしれませんが、最近は無礼な、つまり礼儀をわきまえない日本人が増えているように思われます。私の周囲にも「無礼な人間」は少なくありません。長らく、大学にいたこともありますが、「礼儀」という言葉自体をちぐはぐに感じさせる若者が多いことに呆れます。まあ、彼らは「礼儀」についてのしっかりした教育を受けずに育ってきたのでしょうから、彼ら自身には責任がないのかな、と私は自分にいい聞かせていましたが。

ここで「武士道」を持ち出すまでもなく、かつて、日本では「礼」は最も重要な道徳的観念とされ、「社会の秩序を保つための生活規範の総称」（『広辞苑』）であります。したがって、「礼」には儀式、作法、制度なども含まれます。また、「礼」は「敬意をもったふるまい」も意味し、「礼儀」は「敬意を表す作法」です。もちろん、「礼」は「下から上」に限定されるものではなく「上から下」へも含む「上下関係」の双方向のものです。「下から上」、「上から下」のそれぞれの「礼」があります。いずれにしても、その「敬意」の根底には、『武士道』が述べるように「正当なる事物に対する正当なる尊敬の気持ち」がなければなりません。「尊敬の気持ち」が大切です。さもなければ、それは「慇懃無礼《いんぎんぶれい》（うわべは丁寧すぎるほどだが、じつは相手を見下した尊大な態度）」となります。政治家に慇懃無礼な人が多いようです。私は慇懃無礼な人を見るたびに「下品だなあ、卑屈だなあ」と思います。

礼は「型」に通じるものですから、必然的に「外形」にとらわれがちになります。つまり、礼を尊ぶ社会においては、虚礼（誠意のないうわべだけの礼儀）の横行も否めません。

孔子は「虚礼が礼でないのは、単なる音響が音楽でないのと同じことである」といっているのですが、まともな耳を持たない者には単なる音響と音楽との区別がつかないでしょう。

山鹿素行は「すべて心性は内面のものであり、身体の動きやものを見たり、聞いたりというのは外面に属しているが、この内と外とはもともとは一つであって、別々のものではないから、外面において威儀が正しければその内面の徳も正しいのである。外が乱れていれば、かならず内面もそれに応じて乱れているものである」（前掲『山鹿語類』）といっています。外形、外面にとらわれ、その内面を見ることができないのは、ほんとうの評価能力、見識がない証拠なのではありますが、「内面を見る」のは簡単なことではありません。

日本のような「礼」を尊ぶ社会の特徴、というより危険性は、目に見えるもの、形のあるものは評価されやすいけれども、目に見えないもの、形のないものは評価されにくいということです。その結果、外形、外面に惑わされ、騙されてしまう人が後を絶たないのです。

私たちは、本当の評価能力、見識を身につけ、礼儀正しく生きたいものであります。

誠実に生きる

新渡戸稲造は『武士道』の中で「誠実と真実がなければ、礼は道化芝居か見せ物の類いである」といっています。

ともすると表層的なものになりがちな礼儀を虚礼（道化芝居、見せ物）から救うのが誠実と真実、一言でいえば「誠《まこと》」です。

孔子の『中庸』によれば、「誠」はすべての根源であり、神のようなものです。「誠」という漢字は「言」と「成」から成っており、白川静『字通』では「言は神に対する誓約、成は戈《ほこ》に呪飾を施して聖化したもので、これを加えて、其の意を誠にすることをいう」と説明されています。これは必ずしもわかりやすい説明ではないのですが、要するに、「誠」は「神の言葉」です。

「誠」に対するのは「虚言」でしょう。『武士道』には「虚言、遁辞《とんじ》は卑劣とみなされた。武士の社会的地位が商人や農民よりも高いのは、彼らの誠よりも高い水準の誠が求められているからだった。『武士の一言』は、武士の言葉が真実であることを十分に保証するものであった」と書かれています。虚言は「他人をあざむく言葉」、遁辞は「責任逃れの言葉、逃げ口上」であり、そのような言葉を吐くのは卑劣、卑怯なのです。会津の「什の掟」に書かれているように「卑怯な振舞をしてはなりませぬ」のです。

困ったことに、そして悲しいことに、最近は「虚言」、「遁辞」、「卑怯」からすぐに連想されるのは政治家や官僚でしょう。自分が潔く負うべき責任に対し、虚言、遁辞、最近では暴言をも吐いて、秘書らに責任を擦《なす》りつける政治家の姿は、日常茶飯事です。虚言や遁辞や暴言は誰であっても許されるべきではありませんが、少なくとも武士には絶対に許されることではないのです。

したがって、「武士の一言」は真実を保証するものであり、「武士に二言はない」のです。武士は、自分の「一言」を命に代えても実行する、つまり言行一致を旨としますから、武士社会においては、町人社会におけるような「証書」あるいは「証文」は不要なのです。そのようなものを書くことは、武士の品位を穢《けが》すものでもあります。

最近は、ともすれば、証書や証文、約束を反故《ほご》にすることをはばからない、まさに人間の風上に置けぬ輩が跋扈《ばっこ》する世の中であり、私自身もそのような輩の被害者になっていますが、私たちは誠実に生き、「武士の一言」を守りたいものです。

大切にしたい「惻隠の心」

「誠」とともに「武士道」が強調するのは「仁《じん》」と「惻隠《そくいん》の心」です。

儒教的道徳の中心に据えられるのが「仁」ですが、これは広く、また奥深い意味、概念を含む言葉で、『哲学・思想事典』（岩波書店）も、その説明に一ページ余（約二五〇〇字）を要しています。ここでは、『武士道』がいう「古来、至高の徳つまり人間の魂のあらゆる属性の中で最高のものと認められてきた他者に対する慈愛、おもいやり」と理解しておきましょう。「惻隠」の「惻」も「隠」もほとんど同じ「いたむ、かなしむ、うれえる、あわれむ」の意味です（『字通』）。「いたむ」や「あわれむ」の解釈次第で、それは「仁」に結びつきますが、狭義には「惻隠の心」は「仁」の一部でしょう。要は、他人に対する「おもいやりの心」、「他人の痛みや悲しみを分かち合う心」でしょう。

古今東西、上に立つ者にとって、何よりも必要なのが「仁」と「惻隠の心」なのです。自分の失策を部下に押しつけることなど言語道断です。

私は「惻隠の心」とともに「武士の情《なさ》け」が好きです。新渡戸稲造がいう「最も勇敢な者は最も柔和な者であり、愛ある者は勇気ある者である」というのは普遍的な真理でしょう。つまり、「強敵には闘志を燃やして戦いをいどむが、弱い相手には攻めるかわりに援助の手を差しのべようとするおもいやり」（『新明解国語辞典』）です。なんとすばらしいことでしょうか。世の中を見回せば、逆の人間ばかりが目についてしまいます。

閻魔様とお天道様

最近は、政治家はいうに及ばず、警察官や自衛官や教師など、かつては絶対的に信頼されていた人たちまでも、また、絶対的に信頼がおけた有名企業や名門老舗なども、平気で嘘をいったり、人を騙したり、「偽装」をしたり、さまざまな低次元の悪事を犯したり、まさに栄辱を忘れた破廉恥《はれんち》な輩が後を絶ちません。これら悪徳の輩の根底には「見つからなければいい、ばれなければいい」という根性があるのです。そして、「もし見つかったら、もしばれたら、それはその時になんとかすればいい」と高をくくっているのです。このような悪徳の輩に声を大にしていわなければならないのが、フーテンの寅さんの得意な台詞「お天道様が見ているぜ」であり「そんなことをして、お天道様に申しわけなくないのか」です。

私が「おぞましい」という言葉がこれ以上ぴったりと当てはまる事件はないと思うのが、頻発した「年金の不正受給」事件です。不正受給の〝仕方〟にはさまざまなものがありますが、自分を生み育ててくれた両親の弔《とむら》いもせずに、十数年あるいは数十年間、押し入れなどに放置してミイラ化させ、その年金を詐取し続ける家族を「おぞましい」と呼ばずして何と呼びましょう。世界には、まさにさまざまなレベルの人間がいるのですが、さすがに、このような家族ほど醜悪、おぞましい人間はいないのではないでしょうか。なぜここまで堕落してしまった日本人が現れるのでしょうか。私は怒りを越して、哀しくなります。

〝衣食足りた〟日本人は〝礼節を知る〟はずでしたが、現代の日本人は礼節を失ったばかりでなく、栄辱のなんたるかも忘れてしまったのでしょうか。かつて日本は西洋人に〝恥の文化の国〟と呼ばれたこともあったのですが、いまや「恥を恥とも思わない」日本人がいたるところに闊歩しています。もちろん、礼節を知らぬ、破廉恥な日本人はいつの時代にもいました。しかし、いまはかつて絶対的に信頼がおけたはずの連中までもが破廉恥になってしまったことが深刻なのです。

ところで、この「恥」ですが、誰に対する、何に対する「恥」なのかが問題です。「武士道」にしばしば登場する「名誉」についても同じことがいえます。誰に対する、何に対する「名誉」なのかが肝心です。

本来、名誉とはいかなるものかを考えれば、人間としての尊厳、価値が明らかになるはずです。今日の日本のように「名誉」という概念が曖昧になってしまいますと、必然的に人間の尊厳、価値も曖昧になってしまいます。

世間の評判を気にするような「名誉」はほんとうの名誉ではないのです。それは、虚栄、世俗的賞讃と呼ぶべきものです。

武士は生まれながらにして〝名誉〟を自覚し、〝不名誉〟を最大の恥と考えます。武士にとって〝名誉〟は「名」、「面目」、「外聞」などという言葉で意識されるのです。〝名誉〟と〝恥〟は表裏の関係にあります。〝名誉〟が尊ばれない世の中では、必然的に〝恥〟が横行しますが、〝名誉〟が曖昧になれば、それに応じて〝恥〟も曖昧になるわけで、〝恥〟を恥と思わなくなってしまうことになります。廉恥心は「恥を知る心」です。恥を恥とも思わないことを「破廉恥」というのです。

数年前、私は大妻女子大同窓会の某支部で講演する機会がありました。この時、私は大妻女子大の「校歌(旧)」の歌詞(尾上八郎作詞)を知って驚いたと同時に感服しました。二番に、

教の道はおほかれど
恥を知れとのことの葉を

つねに心に忘れずば
いかでか迷ふ道あらむ

と歌われていますし、三番は、

学びの道の奥までも
力のかぎりわけ入りて
いざやつとめむ国のため
いざやはげまむ人のため

です。

さすがに、現在はこの旧校歌が歌われることはほとんどないとのことですが、同窓会報誌には旧校歌が掲げられていますし、大妻女子大の校訓・教育方針はいまでも「恥を知れ」と「良妻賢母」（近年の「男女同権・民主主義」者には嫌われる言葉でしょう）です。

大妻女子大の校歌、校訓・教育方針は、いヽまヽのヽ日ヽ本ヽのヽ中の私にとってまさに一服の清涼剤でありました。

人間は誰に対して、何に対して恥にならぬようにすべきなのでしょうか。

それは、キリスト教では「神」ですが、日本の伝統的道徳観では「天」つまり「お天道様」です。

西郷隆盛が好んでよく使い、揮毫《きごう》した「敬天愛人」、また夏目漱石の最晩年の言葉「則天去私」の中にある「天」です。『南洲翁遺訓』の中に「天を相手にせよ。人を相手にするな。すべてを天のためにませ。人をとがめず、ただ自分の誠の不足を顧みよ」、「法は宇宙のものであり自然である。ゆえに天を畏れ、これに仕えることをもって目的とする者のみが法を実行することができる。」という西郷の言葉が紹介されています。また、漱石の「則天去私」の「則天」は「天に従うこと」であり「去私」は「私心を捨て去ること」です。特に、為政者には西郷、漱石の言葉をよくよく噛み締めてもらいたいものです。

要するに「天」すなわち「お天道様」というのは「天地自然の法則」であり、私は「絶対的真理」、「人智を超えた絶対的権威」と理解しています。

北条重時は『極楽寺殿御消息』の冒頭で「人智を超えた存在である神仏を朝な夕なに崇め、心を込めて祈らなければならない」といっていました。

巷に跋扈《ばっこ》する「見つからなければいい、ばれなければいい」という悪徳の輩に「お天道様は見ているぜ」といいたいのです。「お天道様は見ているぜ」は、悪行に対しては、たとえ人に見つからなくても、人にばれなくても、宇宙の「絶対的権威」様はきちんとお見通しで、いつか必ず罰が当たるぞ、ということなのです。

また、善行に対しては、たとえ人が見ていなくても、誰にも気づかれなくても、宇宙の「絶対的権威」様はきちんと見ていてくれて、いつか必ずご褒美をくださるよ、ということなのです。

私自身、小さい頃受けた教育の影響が大きいのですが、いまでも「お天道様思想信仰者」で、私はいつもお天道様に監視されており、私に降りかかる善いことも悪いこともすべて「お天道様の思し召し」だと考えています。

私は長年、自然科学（物理）に従事していることもあり、「教祖」が存在する「…教」なる宗教の信者になったりはしませんが、この世に人智を超えた「何か偉大なもの

(Something Great)」の存在を認める「宗教心」を持っています。私は自然の不可思議に触れれば触れるほど、人間の科学の限界を知らされ、このような「宗教心」が自分自身の中で大きく膨らんでくることを実感するのです。このような私の「宗教」の「教祖」が「お天道様」なのです。いまではほとんど死語になってしまった「お天道様」ですが、思えば、私が小さい頃の〝おとな〟は「お天道様が見ているよ」とか「お天道様に申しわけないと思わないか」という言葉で子どもを諭してくれたものであります。

もう一つ、これも、いまではほとんど死語になってしまいましたが、私が小さい頃よく聞かされた言葉に「嘘をつくと閻魔様に舌を抜かれる」があります。嘘をついた子どもは「閻魔様に舌を抜いてもらう」と叱られたものです。昔の大工さんが「釘抜き」のことを「エンマ」と呼んでいたのも憶えています。また、「悪いことをすると閻魔様に地獄へ送られる」といわれました。

最近はあまり見かけないのですが、昔（私が子どもの頃）は、縁日の夜店だったか、お寺だったか、記憶が定かではありませんが、「地獄図」を何度も見ました。そこには、罪人が「針の池」、「茹で釜」、「血の海」へ放り込まれたり、首や胴を鉈《なた》でちょん切られる図や舌に鉤《かぎ》を刺されて吊るされる図などが描かれていました。このような「地獄図」を見て、誰でも「地獄へは行きたくない、悪いことをしてはいけない」と思ったものです。子どもにとって、「閻魔様」はとにかく怖い存在でした。

私は、近年、「悪いことをしても、嘘をついても、見つからなければいい、ばれなければいい」という悪徳の輩が増えたことは、「お天道様」と「閻魔様」が死語になってしまったことと決して無関係ではないと思っているのです。

悪徳の輩はもう手遅れですから、彼らには厳しい罰を与えるほかはありませんが、これからの幼児教育には「お天道様」と「閻魔様」の復活が絶対的に必要だと思います。余計な、理屈っぽい「教育論」など不要です。幼児教育は「お天道様」と「閻魔様」の復活で十分です。

私は、子どもの頃からおとなになったいまに至るまで、いつも「お天道様」と「閻魔様」を意識しています。

昔は「お天道様」や「閻魔様」以外に、近所には必ず「怖いオヤジ」が目を光らせ、どこの子どもであろうが、悪いことをすればきちんと叱ってくれたものです。そして、その親たちも、叱ってくれたことを感謝しました。しかし、現在では、そのような「怖いオヤジ」も自分の子どもを叱ってくれたことを感謝するような親も絶滅状態です。城山三郎は「菊池寛賞」の授賞式で「いまの世に、こわいおじさまたちがいなくなり、おかげで霞が関あたりでは、おかしな人たちがはびこるようになった。これこそ、こわいことであり、悲しいことである」というような主旨の挨拶をしていたのが印象的です。

分をわきまえる

戦後の「民主主義」、「平等主義」そして「人権主義」（私は「戦後三大主義」と呼びます）の下で、死語化したのは「お天道様」と「閻魔様」のほかに「分《ぶん》をわきまえる」があるように思われます。みんな、同じように、平等の権利、自由を持っていると「誤解」しがちな「三大主義」の下で「分をわきまえる」つまり「自分の置かれた立場・身分など、すなわち〝分〟からいって、すべきこととすべきでないことのけじめを心得る」ということは決してやさしいことではありません。もちろん、「戦後三大主義」は「武士道」

を忌み嫌います。

最近、ひょんなきっかけで再読した志賀直哉の『小僧の神様』に、私はすっかり魅了されてしまいました。これは文庫本でわずか一五ページほどの、一九一九（大正八）年に書かれた短編小説です。映画『男はつらいよ』と同じように、私を、さわやかな、ほのぼのとした気持ちにさせてくれたのです。

私が『小僧の神様』を最初に読んだのは確か小学校低学年の頃でしたから、もう遠い昔のことです。私が読んだ本には小僧が思い浮かべるお稲荷様のキツネの挿絵がついていました。以来、私の頭の中にある『小僧の神様』は、幼年時代のおとぎ話ではあってもそれほど印象深い小説ではなかったのです。

しかし、この小説を改めて読み直してみて、そこに登場するすべての人物がやさしく、分をわきまえていて、さわやかなことに、私は深い感銘を覚えたのです。

若い貴族院議員Aの小僧に対するやさしい行為はいうに及ばず、彼がその行為のあとに感じる〝一種の寂しさ〟、そして彼の「おれのような気の小さい人間はまったく軽々しくそんな事をするものじゃあ、ないよ」という台詞は圧巻です（現在の日本の国会議員の品《ひん》と比べることと自体ナンセンスであることを十分承知しつつも私はつい比べてしまいます)。そして「ええ、そのお気持ちわかるわ」というAの細君にも品があります。寿司屋の主《あるじ》夫婦のやさしさと謙虚さも特級です(最近は妙に威張った寿司屋が少なくなく、またそのような寿司屋が「こだわっている」とかで「通《つう》」やテレビの「グルメ番組」にはウケているようですが)。つけあがることを恐れる小僧の素朴さは貴重です。いまの世の中、分不相応なことを恥ずかしげもなく願ったり、果ては要求さえするような人間がどれだけいることでしょうか。

私が『男はつらいよ』と『小僧の神様』に共通の魅力を感じ、感動させられる理由の一つは、それらに登場する人物が、それぞれにやさしく、分をわきまえているからです。分をわきまえることは〝やさしさ〟の一つです。

もちろん、〝やさしさ〟を〝優しさ〟あるいは〝易しさ〟と書くことは知っていましたが、〝恥《やさ》しさ〟とも書くことを知ったのは最近のことです。これらはいずれも古語の〝やさし〟から出ている言葉で、〝やさし〟は遠慮がちにつつましく気を遣う、という意味です。そして、私が〝やさし〟をすごい言葉だと思うのは、そうした細やかな気遣いをするさまを繊細だ、優美だ、殊勝だと感じて評価する、という意味を持つことであります。〝やさし〟が〝恥《は》ずかし〟につながることも理解に難くないでしょう。

どんな国でも、どんな社会でも〝やさしさ〟は大切なはずです。しかし、中国や北朝鮮はいうに及ばず、現在の日本やアメリカを、あるいは地球全体を眺めてみて、〝やさしさ〟が稀有なことは歴然としています。やさしさにも恥ずかしさにも無縁な人間や国があまりにも多いのではないでしょうか。

映画『男はつらいよ』は、さまざまな角度から、時には直接的に、時には間接的に、「寅さん」という人物を通して、〝やさしさ〟とは何かを、いつも教えてくれている気がします。

とりわけ、ひとりよがりとも思える「価値観」を世界に向けて常に「自己主張」するような国で、常に「自己主張」する「アメリカ人」に囲まれて生活していた私は〝やさしさ〟に憧れる気持ちが強いのです。「自己主張」と〝やさしさ〟が仲よくするのは難しいことです。アメリカ社会にあって、〝やさしさ〟は無用の長物にすら思えたものです。

教育の三要素

人間は、何のために教育を受けるのでしょうか。

教育の目的は人それぞれでしょうが、基本的には教育の成果を人間のために、社会のために正しく使わなければならないはずです。

教育の成果を人間のために、社会のために正しく使うために、徳育（道徳教育）が決定的に重要です。昔からいわれていますように「健康的な考えは健康的な肉体に宿る」のは事実でしょうから、心身両面の健康体をつくる上で体育が次に重要です。知識を習得させる知育は磐石な徳育と体育の上に乗らなければなりません。武士の教育において何よりも重要視されたのは品性《ひんせい》を高めることであり、如才なき分別、知性、雄弁などは重んじられませんでした。この〝品性〟を高める上で決定的に重要なのが徳育です。

しかし、この〝品性〟あるいは〝品《ひん》〟というもの自体の説明が厄介なのです。

日本語で「品性を高める」といわれるように、高められた、あるいはよい品性を〝上品〟と呼び、低い、あるいは悪い品性を〝下品〟と呼びます。結局、品性、品、品位を言葉で簡潔に説明するのは困難なのですが、それは智徳によって高められるものであるといえるでしょう。

人間の品性、つまり人品が〝目に見える形〟で現れる場所は顔であると私はかたく信じています。もちろん、ここで私が意味する「顔」は〝顔つき〟のことで、イケメンとか美女とかいう〝造形〟のことではありません。〝表情〟といってもよいかもしれません。リンカーンは「四〇歳すぎれば自分の顔に責任がある」といっています。森鷗外もどこかで同じようなこと（「五〇歳すぎれば…」だったか）をいっていたように思います。

私は、戦後、急速に、日本人、特に政治家、実業家、マスコミ関係者の顔が下品に、卑しくなっていると思うのですが、それも戦後の「教育」の内容、日本人の価値観を考えれば仕方のないことでありましょう。

学校では知識を獲得する〝知育〟が重視され、〝偏差値〟なる面妖《めんよう》なるものが偏重されてきました。基盤となるべき徳育が脆弱で、頭でっかちですから、すぐにひっくり返る、どっちにひっくり返るかわからないので危なくてしょうがない。悪いことでも平気でやってしまう。

社会生活を営む上でも、個人的生活を楽しむ上でも、一定程度の知識は必要ですが、ITが進み、どんな知識でも、掌にものるようなサイズのスマホから簡単に得られる現在、知育の重要度は、〝昔〟とは比べものにならないほど小さくなっているのです。

IT、マルチメディアの発達によって、人間は知識を飛躍的に増したのですが、それに比例して智慧を低下させました。ちなみに〝知識〟は「ある事項について知っていること」で、〝智慧〟は「物事の道理を悟り、適切に処理する能力」です。智慧は自分の頭で考えることによって身につく能力です。自分自身で考える必要がなく、ITが与えてくれる知識に頼っていればとりあえず生活に困らないのですから、智慧が後退するのは必然であります。

情報収集手段が直接観察・見聞や書籍などに限られていた〝昔〟は知識の多寡がその人物の価値を決める大きな要素でした。〝もの知り〟は大きな価値を持っていましたし、尊敬もされました。しかし、現在のようにITが発達した社会では、知識についてはどのように頑張っても、スマホに絶対に敵わない。つまり、人間の価値として、知識の多寡は大きな意味を持たず、人間の価値は智慧の多寡にかかっているのです。

フランスの思想家・モンテーニュが「知識がある人はすべてについて知識があるとは限らないが、有能な人はすべてについて有能である」といっていますが、その通りです。もちろん、私は「知識は不要である」などというつもりはありません。

私たちが得るべき知識は、〝考える〟基礎となる〝普遍的な土台〟です。教科書に書いてあることやスマホ、インターネットで得られるようなことを、そのまま機械的に暗記しても（テストの好成績にはつながるかもしれませんが）、それだけでは何の役にも立たないのです。

もちろん、武士道でも知的に優秀であることは尊重されましたが、知性を意味する時に用いられる「知」という言葉は第一に「叡智」を意味し、「知識」には従属的な地位を与えられたにすぎなかったのです。武士道の骨格を支える三本の柱は「智・仁・勇」でありますが、それぞれは叡智、慈悲心、勇気を意味しています。

いずれにせよ、教育の成果は、社会のために、広く人類のために正しく使わなければならないのですが、その実践のためには健全な精神とともに肉体が必要です。その意味において、肉体を鍛えること、体育はきわめて重要です。

図1　人間力

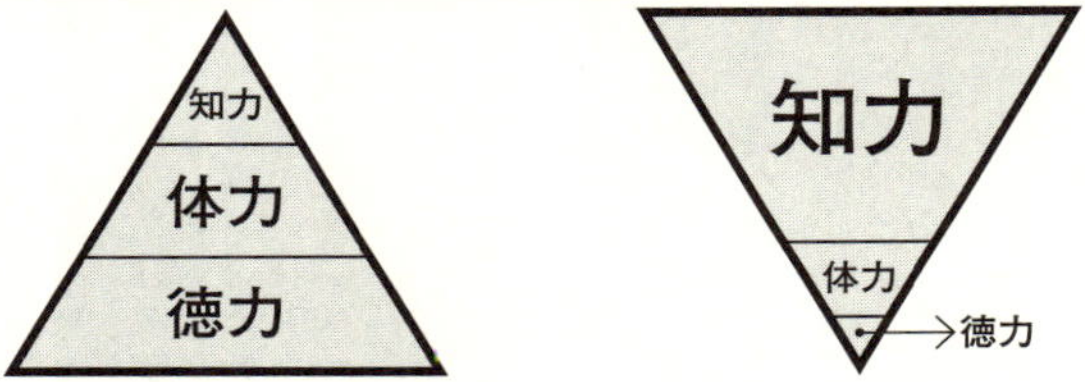

(a) 求められる人間力　　(b) 現在の人間力

結局、人間としての土台である「徳力」の上に「体力」を、そして「体力」の上に「知力」を積み上げた総合力が「人間力」というものでしょう。

それらの重要度を考えて図示すれば図1（a）のようになります。面積の大きさが重要度に対応します。「武士道」が求めるのはこのような人間力です。しかし、現在の学校教育が生み出す「人間力」は図1（b）のように、逆ピラミッド形になっており、土台の徳力がしっかりしておらず、知力偏重の頭でっかちですから不安定で、どっちに転ぶかわかりません。悪いことも平気でできてしまうというわけです。

人にはそれぞれの生き方がある

日本人のほとんどが自分たちは「中流階級」だと自覚（錯覚？）するほど日本は平均化された社会です。最近、この日本でも「貧富の格差が拡がった」という論調を聞いたり見たりすることが多くなってはいるものの「資本主義」の権化のアメリカはもちろん、「社会主義」（？）の中国や北朝鮮の「貧富の格差」と比べれば、日本社会の「貧富の格差」など誤差の範囲です。雑多な国民から成るアメリカ合衆国で生活した私は、日本では何事も、質・量ともに平均化され、実際に「平等」な社会に思えます。しかし、日本は「結果の平等」を求める社会です。同じ「平等な社会」を目指すアメリカの〝平等〟が「機会の平等」を意味することと好対照です。

是非は別にして、世界中の資本主義国、社会主義国、共産主義国（そのような国が実際にあるのかどうか知りませんが）、政教一致国、独裁政治国などと比べて、日本がきわめて「結果の平等」社会であることは間違いありません。しかし、同時に、日本社会の「平等」は、各人に「みんなと同じ」であることを強制するのです。その結果、日本の「平等」は「みんなと同じでない人」に対しては過酷な差別を生みます。したがって、生まれてから死ぬまで「みんなと同じ」であることが、「出る杭は打たれる」日本社会での大切な処世術となりがちです。

しかし、本来、人間はロボットとは異なり、一人ひとりみんな違った個性、能力、興味などを持っているのです（最近はロボットですらかなり個性的になっています）。

大正末期から昭和初期にかけて活躍し、二六歳で夭逝《ようせい》した童謡詩人の金子みすゞに「私と小鳥と鈴と」という詩があります。

私が両手をひろげても、
お空はちつとも飛べないが、
飛べる小鳥は私のやうに、
地面を速くは走れない。
私がからだをゆすつても、
きれいな音は出ないけど、

あの鳴る鈴は私のやうに、
たくさんの唄は知らないよ。

鈴と、小鳥と、それから私、
みんなちがつて、みんないい。

私は、その通りだと思います。「みんなちがって、みんないい」のですが、それ以前に「みんな違う」のです。人間はみんな違い、それぞれにふさわしい人生があります。

第一章で紹介しましたように、山鹿素行は農・工・商（民）を天下の三つの宝とし、その三民の上に置かれる武士が行なうべき正しい道をはっきりと示しています。もちろん、いまは「身分制度」はありませんが、さまざまな職業に、それぞれの「正しい道」があるべきことには変わりません。

いずれにせよ、世の中には、種々の異なった〝ものさし〟が存在し、その〝ものさし〟によって、不可避的に、優れたものと劣ったものが存在することになります。これは紛れもない事実であり、このこと自体、仕方のないことです。しかし、現在の日本の社会では、「学業成績」「偏差値」偏重の〝ものさし〟が当てはめられることに大きな問題があります。現代社会の「勝者」となるためには、この偏重〝ものさし〟上で「好成績」をあげ、結果として「高学校歴」を獲得しなければならないのです。

私が小さい頃は、東京のあちらこちらに「原っぱ」がありました。

学校から帰ると、この「原っぱ」に小学生、中学生が低学年から高学年まで入り交じって、いろいろな遊びをして夕飯までの時間を過ごしたものです。私の家の近くには、原っぱのほかに、染井《そめい》墓地という恰好の〝遊び場〟がありましたから、遊びの種類は多岐にわたりました。若い読者のために、念のために記しておきますが、この〝遊び〟というのはもちろん〝テレビゲーム〟や〝スマホゲーム〟のような貧弱な遊びではありません。鬼ごっこや缶蹴りや探検ごっこ、墓地にあった竹や、時には塔婆を使ってソリなどを作ったりすることも含む「完全アウトドア・肉体系の遊び」です。無茶なこともずいぶんしましたので、怪我もしょっちゅうのことでした。私の指と眉にも、六十年前の傷がまだ残っています。

　このような「完全アウトドア・肉体系の遊び」になりますと、学校の成績など通用しません。普段、学校では「勉強」ができなくて小さくなっているような連中でも、大活躍し、尊敬されたり、英雄になったりしたのです。いわゆる「ガキ大将」は憧れでもありました。強いものが弱いものを庇《かば》うのは自然なことであり、〝常識〟でした。会津の「什の掟」に述べられているように「弱い者をいじめてはなりませぬ」のです。当たり前でした。

「みんなちがって、みんないい」、つまり「異質性」を認めるということは、当然のことながら、誰にでも、勝てる分野もあれば、負ける分野もあるということです。いま、人生を振り返ってみますと、原っぱは、子どもの頃の、最高の教育、社会勉強の場であったことを確信します。

　最近の小学校の運動会で行なわれていると聞く〝勝者も敗者もない競争〟などは愚の骨頂以外の何ものでもないのです。普段、教室では小さくなっているような生徒でも、「教室」外の運動会などでは大活躍し、一躍クラスの英雄になれるのです。〝勝者も敗者もない競争〟は、そのような彼らから、絶好の機会を奪うことになります。

人間は〝他人に認められる〟ことが自信を持つきっかけになり、それが成長につながるのです。〝勝者も敗者もつくらない〟という安易な「過保護思想」は、根本的に間違っています。将来否応なしに、無数の、さまざまな種類、形態、の〝勝負〟が待っている社会に出て行かねばならない子どもたちに取り返しのつかない悪影響を与えるに違いありません。

豊かな人生の源

いま「教育の三要素（徳育、体育、知育）」について述べたのですが、その「三要素」の基盤は何でしょうか。

私は〝感性〟であり〝精神力〟だと思います。

感激、感動こそが、人生最高の喜びであり、そのような感激、感動を求めて、私たちは生きていくのではないでしょうか。さらに、そのような感激、感動に満ちた人生こそが、真に豊かな人生なのだと思います。私は、いままでの私自身の人生経験から、心底、そのように思います。このような感動、感激の源が感性、いわば感性力です。

おとなになればなるほど、〝感激、感動する〟ことが容易ではなくなるのです。つまり、感性が鈍くなってしまいます。子どもの頃は、見るもの、聞くもの、触るもの、何にでも感激、感動できるのですが、〝おとな〟になるにしたがい「常識」や「世間体」というものが邪魔をして、感動、感激を阻《はば》むのです。

世の中にはお金で買える感激、感動も少なくはないと思うのですが、心にいつまでも残る感激、感動はなかなかお金では買えませんし、お金がなくても〝感性〟で得られるのです。また、人間は、喜怒哀楽、美しさ、不思議さ、肉体的・精神的苦痛、悔しさ、恥、などなどに敏感になり、自然界の厳しさ、自然界にも人間界にも危険が伴うことを知らなければなりません。これらの根底にあるのも〝感性〟です。

事実として、自然界も人間界も結局のところ「弱肉強食」で成り立っていることを知るべきです。社会生活の中では、否応なしに、さまざまな〝勝負〟を避けることはできません。勝負があれば、勝者と敗者に分かれるのは当然です。一般的には、勝者よりも敗者の方が多いでしょう。したがって、小さい頃から、「負け」に対する耐性を高めておくことは絶対的に必要です。肉体的、精神的にタフでなければ、この世を渡っていくことができません。最近は「平等教育」の錦の御旗の下で、小さい頃から〝負け〟、精神的・肉体的苦痛を避ける「教育」がはびこっています。

この結果、精神的にも肉体的にも極端に脆弱な子どもが増え続け、そのような〝子ども〟が大きくなった〝おとな〟が増え続けているのです。精神的、肉体的に脆弱な人間は、すぐキレてしまいますし、我慢ができず、些細なことで自殺してしまうこともあります。また、些細なことで人を殺してしまうこともあります。

小さい頃から〝負け〟や精神的・肉体的苦痛に対する耐性を高めておくことは絶対的に必要なばかりではなく、〝負け〟や精神的・肉体的苦痛は活動、努力の原動力になるものであることを知るべきです。誰でも、できることなら〝負け〟や精神的・肉体的苦痛は味わいたくないからです。

私は、時には、意識的に肉体的な苦痛を与える体罰も必要だと思っています。学校教育の現場などで、体罰と虐待の区別がつかないために、体罰が全面的に禁じられてしまっているようですが、体罰と虐待はまったく異質のものです。虐待は「弱い立場にあるものに対して強い立場を利用してひどい（むごい）扱いをすること」（『新明解国語辞典』）であり、これが禁じられなければならないことはいうまでもありません。最近話題になった、女性国会議員の年長の男性秘書に対する暴行、暴言などはあるまじき言語道断の虐待です。選挙民やテレビカメラの前では「優しい言葉」「もっともらしい言葉」を連発する女性議員の実態に唖然とした国民は少なくないでしょう。私の親しい友人に、女性議員の秘書経験者がいますが、あのような「議員の秘書虐待」は「よくあること」のようです。あの虐待発覚はほんの「氷山の一角」なのでしょう。「武士道」でいえば武士の最たるものであるべき国会議員の不祥事が絶えないことに、私は憤りを超え、呆れるばかりです。

最近、学校での「いじめ」が深刻な社会問題になっていますが、その元凶は「平等教育」、「ゆとり教育」、結局は精神的・肉体的苦痛を忌避《きひ》した〝甘やかし〟教育であると、私は確信しています。小さい頃から〝負け〟や精神的・肉体的苦痛に対する耐性を高めておくことを怠った「教育」関係者の責任は重大です。今後、国会議員や官僚にも、そのような「教育」を受けた人たちが増え続けるであろうことを思うと、私は背筋が寒くなります。

動物行動学者のコンラッド・ローレンツは著作の中で「幼い時期になんらかの肉体的苦痛を味わうことのなかった子どもはまともに育たない」というようなことをいっています。人間の喜怒哀楽、美しさ、不思議さ、肉体的・精神的苦痛、悔しさ、恥、などなど内的反応に伴った行動はすべて脳幹の働きに発するらしいのですが、ローレンツは小さい頃に、その脳幹を鍛えることの重要性を説いているのです。

「平等教育」と「ゆとり教育」で甘やかされ続けてきた子どもは「適切な時期」に「適切ないじめ（体罰）」を受けなかったが故に、〝負け〟や〝いじめ〟や精神的・肉体的苦痛に対する耐性を身につけることができなかったのです。弱いものに対する〝いじめ（虐待）〟は、そのような耐性の低さの裏返しの行動です。一時期、誰もが反対できない「ゆとり」なる快いスローガンで、価値観教育（徳育）を放置したままで「ゆとり教育」なるものが行なわれ、〝ゆとり〟と〝なまけ〟との区別がつかず、〝自由〟と〝自分勝手〟、〝個性〟と〝わがまま〟とを履き違えた日本人が大量につくり出されたのです。いま、その大きなツケがまわってきているように思われます。

新渡戸稲造は『武士道』の中で「勇猛、堅忍、勇敢、大胆、勇気、これらは少年の魂に最も容易に訴えられ、その実践と模範を示すことによって訓練できる資質である。また、これらは、いわば、少年たちの間で幼い時から競われている最も人気のある徳であった」、「両親は、時には残酷と紙一重の厳しさをもって、子どもたちに勇気を奮い起こさせるための試練を与えた」と述べていますが、「このような精神鍛錬法は、現代の教育家に憎悪と疑問の衝撃を与えるだろうか、これは、人の心の優しさを蕾《つぼみ》のうちに摘み取ってしまう野蛮な方法ではないかという疑問を抱かせるだろうか」と心配もしていました。新渡戸は、その心配に対し「慈悲心、苦しみの情、愛、寛容、他者に対する慈愛、同情、そして哀れみは、古来、至高の徳つまり人間の魂のあらゆる属性の中で最高のものと認められてきた」と述べ、「残酷と紙一重の厳しさ」の根底には、仁・惻隠の心、つまり「おもいやり、いたわりの心」があることを強調しています。〝体罰〟と〝虐待〟を分ける根本は「おもいやり、いたわりの心」があるか否かです。

ところで、新渡戸がいう「現代」は「明治時代中期」です。いまの日本から見れば、質実剛健、堅忍不抜、豪放磊落そのものに思える明治時代においてさえ「憎悪と疑問の衝撃を与えるだろうか」と心配するくらいですから、「平等教育」の錦の御旗の下で、小さい頃から〝負け〟、精神的・肉体的苦痛を避ける「教育」に洗脳されたいまの「教育家」や両親がどのように思うかは述べるまでもないでしょう。

肉体と精神を鍛える

人生には、その時にしかできないことがあります。その時にしかできないことを体験できなかったハンデキャップは社会に出てから重くのしかかってきます。〝学校〟という区切りで考えてみますと、

感性が素直な幼年・小学校時代
肉体的変化が大きい中学校時代
精神的変化が大きい高校時代
自分の将来を考える大学時代

といえるのではないでしょうか。

社会に出て仕事をする、という視点に限定しますと、幼年・小学校時代に豊かな感性を伸ばし、中学・高校時代には肉体的・精神的強さを高め、大学時代には論理的思考を磨くことが肝要と思われます。一人の人間としての生涯を考えた場合、前述のように、幼年時代に脳幹を鍛えておくことが決定的に重要です。

肉体的変化が大きい中学校時代と精神的変化が大きい高校時代を運動部、特にチームスポーツの運動部で肉体的・精神的鍛錬をするのは、私自身のバレーボール部での六年間の経験からいってもとてもよいことだと思います。

もちろん、いまの私には運動部の活動はできませんが、近年、〝見る立場〟から高校野球に夢中になっており、私は「高校野球」を通して若き日の肉体的・精神的鍛錬の意義を強く感じています。

高校野球の一ファンにすぎなかった私が熱烈な高校野球ファンになったきっかけは、五年ほど前、親しい友人から福島・聖光学院の斎藤智也監督を紹介されたことでした。聖光学院はその時まで七年連続「夏の甲子園大会」出場を果たしていた高校野球の名門校です。斎藤監督は「野球の監督以前に教師である」ことに徹し、卒業して社会人になった時、どのような仕事に就いても活かせる人間力、精神力を育てているというのです。要するに「人間力を育む野球」というのが斎藤監督の信念なのです。聖光学院は、一般的な「野球名門校」のような〝スカウト〟をしません。斎藤監督の下で野球をしたくて球児が県外からも集まってくるのですが、部員は毎年総勢一五〇名ほどになります。このことは、斎藤監督のみならず部長、コーチ陣、学校の首脳部を含む幾多の支持者らの長年にわたる尽力の賜でもありましょう。地方大会でベンチに入れるのは二〇人、「甲子園」では二人減って一八人です。圧倒的多数の部員は三年間、試合に一度も出ることなく人間力を育まれ、「聖光」のユニフォームを着られたことを誇りに卒業していくのです。私は聖光学院の試合を球場で見るたびに、応援席のユニフォーム姿の生徒たちの表情の〝よさ〟にいつも感動します。彼らの中には、「後輩」がベンチに入っている「上級生」も多数いるわけです。彼らの表情がとてもよいことによって、私は「人間力を育む野球」が実践され、それが野球部員たちに浸透していることを確信します。

私は、そのような「人間力」が肉体的・精神的鍛錬を通じて育まれることを疑いません。

聖光学院は二〇一七年夏には「一一年連続夏の甲子園出場」を果たしました。

聖光学院は三回戦で、準優勝した広島の広陵高校に逆転負けしました。「甲子園」でのホームラン記録を塗り替えた広陵高校の主砲・中村奨成君に勝ち越しツーランホームランを打たれたのですが、それまでの中村君のプロも注目する打撃力を考えれば、敬遠という策もありました。私は、一九九二年、高知の明徳義塾高校が、石川・星稜高校の主砲・松井秀喜君を五打席連続敬遠して勝ったことを思い出していました。しかし、聖光学院の斎藤郁也《ふみや》投手は逃げることなく中村君に正面から勝負し、その結果、ホームランを打たれたのでした。その場面を目の当たりにした私は、投げた斎藤君、打った中村君の天晴れさに感動しました。それは、まさに、二人の若きサムライの真剣勝負でした。試合後、泣き崩れた斎藤君に、私は「泣くことはないよ、立派だったよ」と心からの慰めの言葉を献じました。

その後、新チームは福島県秋季大会に圧倒的な強さで優勝して出場した東北大会で初優勝を遂げ、同時に秋の「明治神宮野球大会」への初出場を果し、二〇一八年春の「センバツ」への五年振り五回目の出場を確実にしました。

聖光学院の野球部と親しくなり、何度もグラウンドに通い、試合を見ていて、私が痛感するのは、部長、監督、コーチの物理的、精神的指導の毎日毎日、毎時間毎時間の地道な積み重ねの重要性です。そして、それらを基盤にした、試合中の部長、監督、コーチ、選手間の信頼関係です。さらには、学校のスタッフ、保護者、後援会の人たちが一体となった、文字通りのチームワーク、それらがすべて「紙一重」の試合を勝ち抜く精神力、総じて「人間力」をつくり上げるのでしょう。その「人間力」は肉体的鍛錬なくしては成し得ないのです。私は、そのような「人間力野球」をつい「武士道」と結びつけてしまいます。

ところで、数あるチームスポーツの中で、選手と監督が同じユニフォームを着ているのは野球だけです。高校野球を見ていると、野球はまさに監督と選手が一体となって戦う競技であることが、あらためて納得できるのです。

もちろん、野球だけがスポーツではありません。ここで、私が強調したいことは、「肉体的変化が大きい中学校時代」と「精神的変化が大きい高校時代」に、スポーツを通じて肉体的・精神的に鍛錬し、「人間力」を鍛え上げる意義と、その重要性です。

引き際の美学

江戸時代から「花は桜木、人は武士」といわれてきました。桜こそ花の中の花、武士こそ人の中の人、という意味です。

その言葉通りの意味のほかに、桜が武士に結びつけられるのは、やはり、その散り際の美しさ、潔さのためでしょう。武士も散り際が大切です。武士は潔くなくてはならないのです。

昭和四五年（一九七〇年）一一月二五日、「平和と繁栄のぬるま湯にひたっている日本社会全体に、血に染まる白刃を突きつけ」（村松剛『三島由紀夫の世界』新潮社、一九九〇）割腹自殺した三島由紀夫の辞世の一首が、

散るをいとふ世にも人にもさきがけて
散るこそ花と吹く小夜嵐

でした。

私は常々、人間は〝引き際〟が大切だ、「終わりよければすべてよし」を完成させるには〝引き際〟が大切だ、と思っています。

世界史、日本史を通覧してみますと、すばらしい功績を遺しながら、晩節を穢《けが》したために折角の功績を〝帳消し〟にしてしまった人物が少なくないことに気づきます。現在でも、せっかく立派な仕事をやり遂げながら晩節を穢している人が少なくない。もちろん、当人たちは、自分が晩節を穢していることを知らないのでしょう。そのような人の中には、私自身、その「人物」や「才能」に惚れ込み、数年間一緒に仕事をした、かつての「同志」、親しい政治家らも含まれているのですが、私には、彼らがどうして晩節を穢さなければならないのか、まったく理解できないのです。というのは、彼らはいずれも「功成り名遂げた」人で、経済的に困っているとは思えず、晩節を穢すようなことをする必要などまったくないはずなのです。

彼らに「なぜ、晩節を穢すようなことをするのですか」と聞くわけにもいきませんが、たとえ聞いたとしても、私は、彼ら自身、晩節を穢しているとはまったく思っていないことを知るだけでしょう。彼らだって「功成り名遂げた」人たちですから、自分で晩節を穢していることを知りつつ晩節を穢しているはずはありません。うすうすでも知りつつ穢しているとすれば「晩節」が「何か」に屈した結果としか私には思えません。

また、私は「功成り名遂げ」ると、次は「勲章」を欲しがる人を実際に何人も見ているのですが、私には、このような「勲章を欲しがる人」も「晩節を穢している人」に思えてしまいます。

この穢される「晩節」とは文字通り「晩年の節操」のことであり、「節操」は「自分の正しいと信じる主義・意見を、堅く守って変えないこと」（『新明解国語辞典』）です。「功成り名遂げた」のは「節操」の賜ですから、「功成り名遂げた」人には是非とも、晩節を全うしていただきたいと思うのであります。

なぜ、「功成り名遂げた」人が晩節を穢すようなことになるのでしょうか。

はっきりいえば、「引き際」を誤ったからです。なぜ、「引き際」を誤ったのかは、それぞれの「事情」のためでしょう。

日本の社会には、一般に「定年（停年）制」、つまり「一定年齢」に達したら規則によって退官・退職するという制度がありますが、これは、さまざまな観点から見てとてもよい制度だと思います。もちろん、「定年」に達した段階で、その人物の能力、機能のすべてにガタがくるわけではありません。特に「高齢化」が進む現代では、「定年」に達した人は「定年制」が定められた時代の人とは比べものにならないほど〝元気〟です。しかし、「一定年齢」を何歳にするかは別にして、「一定年齢」に達したら、たとえ余力を多く残していても、潔く「引退する」ということは、自分自身のためにも、後進に道を譲る上でも非常に大切だと思うのです。つまり、誰からも惜しまれ「後ろ髪を引かれるような形で引退する」という「引き際の美学」です。成し遂げた「功」と「名」が大きければ大きいほど、獲得した「権力」も大きいでしょうし、それらに伴う収入も大きいでしょうから、それらから「身を引く」のは簡単なことではなく、それなりの大きな決心と勇気と潔さが必要です。だからこそ「美学」なのです。そして、それが「晩節を全うする」ことでもあるのです。

　決して「功成り名遂げ」ているわけではない私のような者でも、最近はいつも「いつ、どのような形で人生から身を引くか」を考えていました。とりあえず、二〇一七年三月末、勤務していた大学を「定年退職」した機に一切の公職からも身を引きました。いまは「無所属の時間」を楽しみ、その中で「晩節を全うする」ことを考えています。もちろん、「引き際」の究極の「引き」は「死」です。

この「死」に対して、私は医療関係者にも協力していただきたいと思うのです。生き物が寿命を持っているのは避けられない事実であり、医療はいたずらに患者を長生きさせるだけでなく、「幸せな死」を提供することを真剣に考えてほしいのです。患者自身も、患者の家族も、そのような「幸せな死」を提供する医療に対する理解が必要です。

また、人によって「引き際」のとらえ方はさまざまでしょう。ある人は体力の衰えを感じた時、ある人は自分が最高に輝いている年代に余力を残して一線から退く時でしょう。「死ぬ時」が「引き際」と考えて、生涯現役の人もいるでしょう。

いずれにせよ、「いかに引き際を美しくするか」を考えることは「いかにいまを美しく生きるか」にも通じます。

何かに執着するのではなく、日々自分の生活を振り返り、自分の「生」と「死」を真剣に考えたいものです。

引く勇気、引かない勇気

引き際の美学を全うするには「引く勇気」が必要です。登山などで悪天候に見舞われた時、たとえ頂上を目前にしても引き返す勇気に通じるものでしょうか。

武士道が求める勇気は「義」を基盤にしたものです。要は大勇《だいゆう》（まことの勇気、大事に当たって奮い起こす勇気）と〝匹夫《ひっぷ》の勇〟（思慮分別なくただ血気にはやる勇気、小《しょう》勇《ゆう》）とをはっきり区別しなければなりません。

武士道には「義を見てせざるは勇なきなり（人の道として当然行なうべきことと知りながら、これを実行しないのは勇気がないからである）」という有名な言葉がありますが、これもいまや死語に近いでしょう。

例えば、夜、酔っぱらいがか弱き女性にしつこくからんでいる、あるいは、タクシー乗り場で順番を待つ列に男が割り込んでくる、という場に〝自分〟が居合わせた場合のことを考えてみましょう。昨今、日常的に大いにあり得ることです。

普通の人間であれば誰だって、このような酔っぱらいや割り込み男に義憤を感じるはずです。このようなことに対して義憤を感じない人は稀でしょう。つまり、ほとんどの人間に「義」はあるのです。問題は、その先です。

多くの場合、「触らぬ神に祟りなし」とばかり、見て見ぬ振りをするのではないでしょうか。「見て」何もしないのは、いささか気が引けるので「見ぬ振り」をするのです。「見た」場合でも、へたに正義感を出して怪我でもしたら損だし、最近は善意の人が暴漢に簡単に殺されてしまうこともあるのでばかばかしいと思って黙認しがちです。いずれの場合も「勇」がないのです。これを「義を見てせざるは勇なきなり」というのです。

その酔っぱらいや割り込み男が見るからに弱そうだったらどうでしょうか。つまり、たとえ、殴り合いの喧嘩になっても〝自分〟は絶対に負けないと思える場合です。このような場合には、「勇気」を出し、喧嘩になるのも覚悟の上で、彼らを諫《いさ》めるかもしれません。

しかし、相手がいかにも屈強で、喧嘩が強そうで、ひょっとすると刃物を持っているかもしれない、というような場合には「勇気」を出すことに怯《ひる》み、結局は見て見ぬ振りをするのではないでしょうか。最近の北朝鮮がミサイルや核兵器をちらつかせて、傍若無人の行動をとっていても、結局は、隣国の日本、韓国はもちろん、軍事的強大国のアメリカでさえも北朝鮮に対して口では何をいっても実質的に何もできないことと同じです。一般に、「世の中」というのは、こういうものです。だから、小さな、弱そうな「悪」は退治できても、大きな、強そうな「悪」は世にはびこるのです。

つまり、私がここでいいたいのは、義を見て勇を全うするためには精神的強さだけではなく肉体的、物理的強さ、力も不可欠であるということです。どんな相手でも「話せばわかる」のであれば肉体的、物理的強さは不要かもしれませんが、現実的には「わからない連中」が少なくないのです。世の中が「話せばわかる連中」ばかりで成り立っているのであれば、警察も、裁判所も、軍事力も不要です。

それだから、武士は義を見て勇を全うするために、道徳律を高める精神的修行と同時に、武術を鍛錬し、それによってさらなる胆力、正しいと思うことを押し切り、苦しいことに耐え忍ぶ精神、いいかえれば「引かない勇気」を生むことが求められたのです。「義」と「勇」を一体化させるためには、「文」と「武」の一体化、つまり「文武両道」が不可欠です。

カッコよく生きる

晩節を穢さず、美しく生きることを単純明快簡潔にいえば「カッコよく生きる」ということではないでしょうか。

武士は体面を汚すことを恥とし「カッコよく生きる」ことを目指します。

もちろん、何をもって「カッコがいい」とするかが重要なのですが、基本的に、人生、カッコよく生きたいものです。「カッコよく生きる」ためには、それなりの努力も才能も運も必要です。「カッコいい」の反対は「カッコ悪い」ですが、私の頭に浮かぶ「カッコ悪い人」は、一六七ページに紹介したセネカがいう「多忙の人」、「自分自身の用事でもないことに苦労したり、他人の眠りに合わせて眠ったり、他人の歩調に合わせて歩き回ったりする人」、「愛と憎とを命令されて行なう人」であり、吉田兼好がいう「名誉や利益のために、自分の身体を使役されて、心静かにのんびりとする時間もなく、一生を苦しむ人」「贅沢や財産や世間的な名誉や利益をむやみに求める人」、そして志賀直哉がいう「物欲や名誉欲にとらえられ、つまらぬものを得る為に大きなものを失う人」たちです。

現実的に「カッコよく生きる」ためには、時には「やせ我慢」が必要であることは否めないのですが、「カッコよく生きる」ための「やせ我慢」ならば、しがいもあるというものではないでしょうか。

傍若無人の北朝鮮や中国や韓国に対し「弱腰外交」を続け「遺憾である」「断固抗議する」などというまったく無意味な言葉しか発せられない日本の首相や、お決まりのように三人並んで「申し訳ありませんでした。二度とこのようなことがないように努めます」などといいつつ深く頭を下げる、不祥事を起こしたさまざまな団体の「責任者」とおぼしき連中などは「カッコ悪い」以前のレベルです。多分、彼らは、自分たちが「カッコ悪い」以前の愚劣な輩であることに気づいていないのだろうと思います。さもなければ、いくらなんでも、あれほどの恥を曝《さら》せるわけがないでしょう。

人間の〝満足〟

私は松竹映画『男はつらいよ』の主人公「フーテンの寅さん」の熱狂的なファンです。私が『男はつらいよ』を観るたびに清涼感を覚えるのは、『男はつらいよ』は凶悪犯罪、金銭スキャンダル、汚職、暴力、エログロ、セックス、悪い奴、卑しい人間、破廉恥人間などなどに無縁であることです。

表向き、『男はつらいよ』は寅さんの恋と失恋を軸にした「喜劇」ですが、その中には現代の「日本」、「日本人」を覚醒すべく「武士道」に通じる重要なテーマ、メッセージがたくさんあります。私は、なにも「武士道」などとカタいことをいわずとも、寅さんの言葉に耳を傾けることは、私たちを、〝金銭的・物質的豊かさ〟一辺倒の「幸福観」から解放する道であり、さらには、私たちに物欲を超越した「低く暮らし、高く思う」〝簡素な生活〟、真の〝知的生き方〟の素晴らしさを教わる道でもある、と痛感するのです。

寅さんが発する言葉に説得力があるのは、それがすべて「知識」からのものではなく、寅さん自身の経験と試行錯誤の結果の「智慧」からの言葉だからです。だからこそ、巷に「情報」が洪水のごとく溢れている「IT時代」に生きる私たち日本人が、寅さんに学ぶべきことが多いのです。

いつものんきに、気ままに「その日暮らし」をしているように見える寅さんですが、寅さんはいつも「人間的生活」をしているからこそ、旅の空の下で「人生」について考えることが少なくないのです。

妹・さくらの一人息子の満男は成長するにつれて、青春時代の「常」として、「人生」についていろいろ悩みますが、そんな時、いつも「相談」するのは何となく尊敬している寅さんなのです。満男は寅さんに「人間は何のために生きてんのかなあ」という、「哲学」の根源のような難しい質問をします。その難しい質問に対する寅さんの答えは単純明快ですが、じつに的を射ています。それは「何というかな、あ~生まれてきてよかった……そう思うことが何べんかあるだろう。そのために生きてんじゃねえか」です。

私も教師の端くれでしたので、若い人たちに「人間は何のために生きているのか」というような質問を受けることがたまにありました。また私自身、昔の若者が誰でもそうであったように、若い頃「人間は何のために生きているのか」と自問自答したこともあります。いま思えば、私には、この寅さんの「あ～生まれてきてよかった、と思うために、思いたいために生きている」という単刀直入、単純明快な言葉以上のすばらしい答えが思い当たらないのです。そして、私自身、ありがたいことに「人生って、楽しいものだなあ」「生きていてよかったな」と思いながら生きていられている幸福感を覚えます。城山三郎さんは『無所属の時間で生きる』の中で「一日に一つでも、爽快《そうかい》だと思えることがあれば、それで、『この日、この私は、生きた』と、自ら慰めることができるのではないか。つまり、これは私の造語なのだが、『一日一快』でよし、としなければ」と書いています。

幸いなことに、二〇一七年三月末で「卒勤務」した私は、以来「無所属の時間」で生活しているのですが、私には「無所属の時間で生きる」ことこそ、寅さんそのものであり、「文明人」の誰もが憧れる生き方のように思えます。

その〝無所属の時間に生きる〟寅さんは、ある時、長崎・五島列島でひょんなことから、テキ屋仲間のポン州とカトリックのおばあさんの最期を看取《みと》ったことから墓地の墓穴掘りをすることになりました。汗をかき、ぐったりし、海を眺める丘の上で近所のおばさんが差し入れてくれた握り飯を食べるポン州が「うめえなあ〜」と唸ります。寅さんは「ああ、働いた後だからな。労働者っていうのは、毎日うまいメシを食っているのかもしれねえなあ、おい」と晴れ晴れとした、じつに幸せそうな顔でいいます。忘れているかもしれませんが、誰にでも同じような経験があるはずです。そんなささいなことにでも、人間は「生きていてよかったな」と思えるものです。

いつも、おいしく食べられること、おいしく飲めることに無上の喜びと幸せを感じている私は、そのような「幸福感」がよくわかります。ここで大切なのは、必ずしもおいしい物を食べること、おいしい物を飲むことではないことです。あくまでも、おいしく食べられること、おいしく飲めることなのです。「食べ物」「飲み物」自体は二の次なのです。心身ともに健康であれば、どんな粗食でもおいしく食べられますし、一緒に食事をする、あるいは飲む相手次第で、同じ「食べ物」「飲み物」「場所」でも、味はおいしくもまずくもなります。おいしく食べられる、おいしく飲める相手がいること自体が人生の無上の喜びなのです。人間として、じつに平凡なことです。

ちょっと考えてみれば、平凡な人間の営みの中に〝無上の喜び〟、〝幸福〟があるのですが、機械・物質文明の社会の中で物欲にまみれ、欲望を果てしなく膨らませている人間は、そんなことにも気づけなくなってしまうのです。昔から「少欲知足《しょうよくちそく》」（欲を少なくして足ることを知る）という言葉がありますが、反対に欲望を多くすればするほど、足ることも、満足も遠のいてしまうのです。私は、「無欲満足」（欲がなければ、いつも満足）という究極の言葉を創りました。

エンデがある本の中に「世間では環境破壊のことばかり語られていますが、それに負けないくらい切実で、危険なのが、心の荒廃です。その荒廃に対抗するには、心の中に木を植えることが大切なんです。すぐれた物語や詩が、そういう木になるわけですが。」（田村都志夫訳、岩波書店）と書いています。

人間の〝満足〟は結局のところ〝心の満足〟です。

ところで、「無所属の時間」など、私のような「卒勤務者」や架空世界の寅さんのたわごとでしょうか。

現実に目を向ければ「そのように」思うのが常識かもしれません。

しかし、「勤務」時代の私の生活を思い起こせば、いかに「勤務者」であっても、一日二四時間の中で「無所属の時間」はつくり出せるものなのです。その気にさえなれば、そして、ちょっとした努力によって、誰にでも「無所属の時間」を持てるでしょう。私は、カタギの一般的社会人にも、たとえ少しでもよいから、日常生活の中で「無所属の時間」を生み出し、それを楽しんでいただきたいと思うのです。

「ありがとう」の気持ち

昔、卒業式といえば「蛍の光」とともに「仰げば尊し」が斉唱され、「仰げば尊しわが師の恩　教えの庭にもはや幾年《いくとせ》　思えばいと疾《と》し　この年月《としつき》　いまこそ別れめ　いざさらば」という歌詞に卒業生も教師も胸をじ〜んとさせたものです。しかし、いま「仰げば尊し」は、ほんの一握りの学校を除いてほぼまったく歌われないらしいのです。

私には、「仰げば尊し」がなぜ、またいつからほとんど歌われなくなったのか、はっきりわからないのですが、「仰げば尊し」が、特に「進歩的文化人」と呼ばれるような人たちに嫌われたのは「民主主義」と「平等主義」のためのようです。いずれにせよ「わが師の恩」が仰がれなくなり、また尊いとも思われなくなった現実と無関係ではないでしょう。卒業式で「仰げば尊し」が歌われなくなったのと、学校教育上のさまざまな問題が露見してきたのは密接に関係しているような気がします。また、私は、「仰げば尊し」が歌われなくなった時期は物質的に豊かになった日本人の人や物に対する〝感謝の気持ち〟が薄れてきた時期とも密接に関係するような気がします。

数年前、公務員の「退職手当減額法」なるものの成立のため、年度末で辞めるよりも早期に辞める方が退職金が多いという理由で「生徒たちを年度の中途で放り出した」〝駆け込み退職教師〟が話題になりました。私は、この「退職手当減額法」の施行時期そのものに問題があると思うのですが、それにしても「生徒たちを年度の中途で放り出した」〝駆け込み退職教師〟は教師としての責任、義務、そしてプライドをどのように考えているのでしょうか。それらをいくばくかの金《かね》のために捨ててしまって後悔しないのでしょうか。もちろん、このような教師はごく少数ではありましょうが、このような教師の存在自体、「仰げば尊しわが師の恩」が遠い昔の話となったのをうなずかせるものであります。

ところで、サトウ・ハチローの弟子の童謡詩人・坪井安の作品「ありがとう」（前田六郎作曲）の中に「ありがとうの言葉は一つだけれど　ありがとうの心は数えきれない」「ありがとうの言葉は一つだけれど　ありがとうの型《かたち》は数えきれない」というすばらしいフレーズがあります。私は、この歌を聴くたびに「いい歌だなあ」と思います。

いま、多くの日本人に、この「ありがとう」という気持ちが不足しているのではないか。「ありがとう」の反対の言葉は「あたりまえ」だそうです。なるほど「ありがとう」の元は「有《あ》り難《がた》い」ですから、反対語が「あたりまえ」というのもうなずけます。世の中にあるもの、身の周りにあるものが何でも「あたりまえ」になってしまえば、「ありがとう」が蔭を潜めるのが道理です。しかし、私たちが「あたりまえ」と思っているもののの多くは、ほんとうは「あたりまえ」ではなく「有り難い」ことなのを知らないだけなのです。

私たちはいつも「ありがとうの言葉は一つだけれど　ありがとうの心は数えきれない」「ありがとうの言葉は一つだけれど　ありがとうの型《かたち》は数えきれない」ということを忘れず、それを実践することによって、ほんとうの幸せが得られるような気がします。

「幸福な人生」に欠かせないもの

　私は小さい頃、小児結核のために、学校の健康診断の時はいつも「いやなおもい」をしましたし、校医から「二〇歳までは生きられないだろう」なんていわれていたらしいので余計に感じるのかもしれないのですが、人間、まずは健康であれば幸福だろうと思います。ただし、この「健康」は必ずしも「五体満足、身体に悪いところがない」という意味ではありません。私が敬愛する寺田寅彦は「健康な人は病気になる心配があるが、病人には回復するという楽しみがある。瀕死を自覚した病人が万一なおったらという楽しみほど、深刻な強烈な楽しみがこの世にまたとあろうとは思われない」といっていますが、「健康」の最も重要な、そして究極的な定義は「気力が充実した状態、積極的な行動に耐え得る状態」でしょう。もちろん「五体満足で身体に悪いところがない」ことは好ましいことであり、上に述べた「健康状態」に少なからぬ影響を及ぼすでしょうが、それはあくまでも「手段」の一つです。最近は「健康ブーム」で、「健康」のためならあらゆる努力も惜しまない人が多く、中には「健康のためなら死んでもいい」というような人もいるらしいのですが、滑稽です。

昔、「清貧の思想」なるものがもてはやされたことがありました。

この「清貧」が意味するところは『広辞苑』によれば「行いが清らかで私欲がなく、そのために貧しく暮らしていること（傍点筆者）」です。確かに、いまの日本では「行いが清らかで私欲がな」ければ、暮らしは確実に貧しくなってしまうでしょう。私には「清貧の思想」なる「思想」がいかなる思想なのかよくわからないのですが、「清貧」はよく理解できます。

しかし、私自身を含む俗人は、「貧《ひん》すれば鈍《どん》す」といわれていますように（同時に、私は「貧すれば貪《どん》す」とも思います）、物質的に貧すると、物質的には当然ですが、精神的にも清らかではいられなくなるものでしょう。

したがって、〝聖人〟は別にして、一般的には「鈍」さないためにも「貪」さないためにも、最低限のお金と物質的豊かさは必要です。私は、〝物質的豊かさ〟と〝精神的豊かさ〟とは切っても切れない関係にあると思っています。だから、一般的にいえば、お金を持ち、物質的に恵まれることは〝よいこと〟です。そのために、昔から「衣食足りて礼節を知る」とも「衣食足りて栄辱を知る」ともいわれているのです。

いまの世の中、お金で買えないものはほとんどありません。物はもとより、権力や地位や栄誉や肩書き、場合によっては愛さえも買えます。実際、「金力」というのはすごい力を持っており、お金で得られる「幸福」もたくさんあります。また、お金があれば、将来、何かの時、不幸にならなくて済むということもあります。だから、「幸せになるために、まずお金を貯めたい」、「将来、不幸にならないためにお金を貯めておきたい」というのはもっともなことです。反論の余地はまったくありません。だから、「お金を得ること」を人生の目的にしてしまう本末転倒の人や罪を犯してまでもお金を得ようとする人が後を絶たないのです。

しかし、誰でも、お金を多く持てば、それだけ幸せになれるというわけではないという知性を持つべきです。お金に限らず、欲が多すぎるのは不幸の元なのです。欲望を多く持てば持つほど不幸になってしまうのです。すでに述べましたように、平凡な人間の営みの中に〝無上の喜び〟、〝幸福〟があるのですが、機械・物質文明の社会の中で物欲にまみれ、欲望を果てしなく膨らませている人間には、そんなことも気づけなくなってしまうのです。昔からいわれている「少欲知足」、「知足の者は貧しといえども富めり、不知足の者は富めりといえども貧し」は真実です。

人間誰でも、生きていくには「欲」は必要です。賢い人は〝本末転倒〟することなく、欲を減らし、結果的に厳選できるのです。欲が少数の厳選されたものになれば、その分、不幸が減り、「幸福」の密度が高まるのです。

二〇世紀のはじめ、イギリスの外務大臣として活躍し、『イギリスの釣魚道』の名著を遺す趣味人でもあったエドワード・グレイが挙げる究極的な「幸福の条件」は、

(一) われわれの行動を導く道徳的基準
(二) よき家族と友人
(三) おのれの存在を有意義ならしめる仕事
(四) ある程度の閑《ひま》

を持つことです。

私は、この条件、つまり〝厳選された少欲〟に完全に賛成です。

最初の「われわれの行動を導く道徳的基準」について、私は「自分自身の〝人生哲学〟、〝ものさし〟を持つこと」であり、「他者、社会、時代の〝ものさし（流行）〟に右顧左《うこさ》眄《べん》しないこと」と解釈します。

二つ目の「よき家族と友人」の「よき」とは「おいしく食べられる、おいしく飲める、楽しく語り合える」という意味だと私は思っています。

私が好きな江戸時代の歌人・橘曙覧《たちばなあけみ》（一八一二〜六八）に「たのしみは〜」で始まり「〜時」で終わる歌五十二首を集めた『独楽吟』という歌集があるのですが、その中の、

たのしみは　物識人《ものしりびと》に　稀《まれ》にあひて　古《いに》しへ今を　語りあふ時
たのしみは　そぞろ読みゆく　書《ふみ》の中《うち》に我とひとしき　人をみし時

に、私が思う「よき人」が現れています。

グレイが挙げる条件「おのれの存在を有意義ならしめる仕事」については「判断」が

難しいです。例えば、私自身、私が客観的に「意義のある仕事」をしているのか否かについては第三者あるいは後世の人の判断に委ねるほかはありませんが、いま私が「自分が好きな仕事」をしていることは確かです。いずれにせよ、自分の仕事が客観的あるいは社会的に「有意義」なものかどうかはさておき、「自分が好きな仕事」を持っていれば(三)を満たしているといってもよいでしょう。だから、私は若い人たちにいつも「若いうち、特に学生時代にやるべき一番大切なことは自分が本当に好きな仕事を見つけること」といっています、人間誰でも嫌いなこと、他人から押しつけられることにはあまり一所懸命になれませんが、好きなことであれば努力も苦労も惜しまぬものです。

幸福な人生を送るために持つべき必須四項目の一つにグレイが〝閑《ひま》〟を挙げていることに、私は拍手喝采を送りたいのです。

ところで、私は、いまここで「閑」という漢字を意識的に使っているのですが、一般に「ひま」には「閑」のほかに「冗、隙、暇」などがあてられ、同じ「ひま」でもそれぞれの漢字の意味は異なります。「冗」は「むだ」、「隙」は「空間的なすきま」の意味です。日常生活で最も一般的な「ひま」は「暇」ですが、これは「いましなければならない仕事、用事がない時間・状態」のことです。ところが「閑」は「自由、ゆとり、静かな時間・状態」のことです。だから「暇をもてあそぶ」ことはあっても「閑をもてあそぶ」ことはないのです。「幸福な人生」にとって、もちろん「暇」も大切ですが、「幸福」を感じさせてくれるのは、やはり「閑」でしょう。まさに、吉田兼好が『徒然草』に書いた「閑《しず》かなる暇《いとま》」です。

セネカや吉田兼好が書き遺していますように、物欲、金銭欲、名誉欲などという〝世俗欲〟を満たすために、どれだけ多くの人間がその〝閑〟を失い、そして結果的に〝幸福〟を逃してきたことでしょうか。

私にとって〝閑な時間〟に欠かせないのは、というより〝閑な時間〟そのものなのは読書です。

両親が〝もの書き〟だったこともあり、生まれた時から、私の周囲にはたくさんの本がありました。昔の本にはルビ（振り仮名）がありましたから、平仮名さえ読めれば、意味はわからなくても、どんな本でも「読む」ことだけはできましたので、私は小さい頃からいろいろな本をたくさん「読んで」きました。私は、本そのものも好きです。

本とのつき合いはもう七〇年近くになるのですが、私は、いまも好きな本を読んだり、時には好きな本を書いたりして暮らしています。これはとても幸せなことです。

もちろん、普通、本の作者に会えることは難しく、作者が故人であれば不可能なわけですが、よく考えてみますと、「読書」というのは、好きな作者と好きな時に、好きな場所で、「二人っきり」で会えて、「話を聴ける」ということなのです。これは何と贅沢なことでしょうか。私には、この上ない贅沢な時間に思えます。しかも、古今東西どのような作者であれ、それは、自分がその気にさえなれば、いつでも簡単に味わうことができるのですから、読書をしないのは本当にもったいないことだと思います。

ところで、〝閑〟は誰にでも得られるものでしょうか。

残念ながら、〝暇〟は誰にでも持てるでしょうし、最近は嫌でも持たされてしまう御時世かもしれませんが、〝閑〟は誰にでも、簡単に得られるものではないのです。

セネカは「万人のうちで、英知に専念する者のみが閑のある人であり、このような者のみが生きているというべきである」といっています。

心身健康であるためにも、（一）～（四）の条件は必要です。

私は「ストレス」は、心身の健康を害する〝万病の元〟であり「不幸な生活」の〝使者〟だと思っています。この「ストレス」とは「外界から与えられた刺激が積もり積もった時に防衛反応として示す、生体の肉体上・精神上の不具合（傍点筆者）」（『新明解国語辞典』）ですが、私は、その主たる源は「他者、社会、時代の〝ものさし（流行）〟に対する右顧左眄」だと思います。幸い私は、基本的に、ストレスがほとんどない日々を送っているのですが、私自身がいままでの人生の経験から得た「無ストレス生活の秘訣」は、

（一）自分の「ものさし」に従う
（二）自分にできる事とできない事とを区別する
（三）自分がやるべき事とやるべきでない事とを区別する
（四）自分が尊敬する人以外の評価は気にしない
（五）どんな事、どんな人にも感謝の気持ちを持つ
（六）少欲知足

です

これらのうち、（四）と（五）について少々説明しましょう。

最近、日本では、さまざまな分野で「外部評価」や「内部評価」なるものが盛んです。とりわけ「仕分け人」が登場してからは、「評価」に対する興味も高まっています。しかし、肩書きや、金銭に換算できるもの、目に見えるものの評価は簡単ですが、目に見えないもの、未知のものの評価は容易なことではありません。形式や表層や権威などに左右されないほんものの見識と勇気が必要とされるからです。ということは、「評価者」の評価（仕分け）も重要なことになります。

人間誰でも「よい評価」を得れば嬉しいですし、「悪い評価」を得れば気持ちのよいものではありません。しかし、たとえ自分では腑に落ちない評価を得た場合でも「自分が尊敬する人以外の評価」は気にしないことです。

私自身の「恥」を晒すようですが、かつて私が属していた大学でも毎年「教員評価」が行なわれ、私に対する学長の評価は一貫してS、A、B、Cの四段階評価の中の「B」（つまり「下《した》半分」）でした。私自身は自分のことを、評価対象項目のどれを考えても、

「下半分」に入れられる教員だとは思っていませんでしたし、私のことを知る人たちは、ありがたいことに、私が「Bランク」の教員であることを信じてくれなかったのですが、評価者にそのように評価されるのであれば、それは仕方のないことなのです。そのような評価は評価者の見識の結果です。そこで、（四）ということになるわけです。

また（五）に書きましたように、私は、そのような評価者に対しましても感謝の気持ちを持ちます。事実、その学長は、私に格好の講演、エッセイ「ネタ」を与えてくれましたし、「評価」の意味と無意味を考える機会を与えてくれました。

いずれにしましても、どんな人物、どんな物事に対しても、不快な気持ちや怒りの感情を持つことはストレスの元であり、プラスになることは何一つないのです。その気にさえなれば、どんな事、どんな人にも「感謝」の意味を見出せるものです。何にでも感謝することはとても気持ちのよいものです。「禍《わざわい》を転じて福となす」というすばらしい格言もあります。

私は、賢者と愚者の違いの一つは「禍」を「福」となせるかどうか、「禍」を「福」となせる見識を持っているかどうか、だと思います。

また、何事に対しても「批難立腹落胆無用」（私が創った言葉）の心がけも必要です。

現代の矛盾

二〇一二年一一月六、七日の二日間、東京で「ダライ・ラマ法王と科学者との対話」が行なわれ、とても光栄なことに私も八人の対話者の一人として参加させていただきました。ここで私は「佛教が唱え、物理学が明らかにしたこと」という話をし、「物理学」ならぬ「佛理学」なる言葉を披露しました。じつは、私がダライ・ラマ法王とお会いするのは、この時が三回目で、初めてお会いしたのは、その数年前、法王がアメリカへの途上、日本に立ち寄られた時でした。この時、法王から手渡された紙に書かれていた「現代の矛盾」と題する次の言葉に、私は心打たれ、私の胸が痛くなりました。

大きくなった家、少なくなった家族
便利になって、時間がない

増える学位、鈍くなる感性
増す知識、衰える判断力
増える専門家、増える問題
増える薬、損なわれる健康

はるか月まで行って帰って来る時代
隣人に会うために道ひとつ越えられない

情報を蓄え複製するためのコンピューターを作り
真のコミュニケーションは減る
私たちは量を重んじ、質を軽んじるようになった

ファーストフードと、消化不良の時代
大きな身体と、狭い心

伸びる利益、そして薄まる絆
ショーウインドウに多くのものが陳列されていて
倉庫には何もない
これが我々の時代だ

まさしく、私自身が日々実感する「現代の矛盾」であり「我々の時代」ではないですか。そして、今後、ますます、これらの「矛盾」が深まっていくのではないかと、私は危惧するのです。

これらの「矛盾」が顕在化し始めたのはいつのことだったのでしょう。

ほんのちょっと前までの「我々の時代」には、これらの「矛盾」はなかったのです。私が生まれたのは昭和二〇年代初頭ですが、私が子どもの頃は間違いなく、ここに列挙されているような「矛盾」は何一つなかったのです。

日本の現代史をちょっと振り返ってみただけでも、「現代の矛盾」と日本の物質的繁栄、経済的成長とが密接に関連していることは明らかではないでしょうか。はっきりいえば、日本の物質的繁栄と経済成長が、ここに列挙されている「矛盾」の元凶なのです。これこそ皮肉なことであり、矛盾そのものであります。

私は「現代の矛盾」を解決するのが、本書で縷々《るる》述べてきた「武士道」に学ぶ生き方だと思うのです。

「武士道」が教えるのは〝人間としての品性〟であり、それは同時に、私たちを〝金銭的・物質的豊かさ〟を不可欠とする一元化された幸福感から解放してくれる道でもあります。さらに、「武士道」は、私たちに物欲を超越した「低く暮らし、高く思う」〝簡素な生活〟、真の〝知的生き方〟の素晴らしさを教えてくれているのです。

日本人の誇り「武士道」の教え

いま、私たちが立ち返るべき哲学

著者　志村史夫
2017年12月25日　初版発行

志村史夫（しむら・ふみお）
1948年、東京・駒込生まれ。名古屋大学工学博士（応用物理）。日本電気中央研究所、モンサント・セントルイス研究所、ノースカロライナ州立大学教授、静岡理工科大学教授を経て、静岡理工科大学名誉教授。日本文藝家協会会員、応用物理学会フェロー。現在私塾「志望塾」を主宰。日本とアメリカで長らく半導体結晶の研究に従事したが、現在は古代文明、自然哲学、基礎物理学、生物機能などに興味を拡げている。半導体、物理学関係の専門書、参考書のほかに、『古代日本の超技術』『古代世界の超技術』（講談社ブルーバックス）『アインシュタイン丸かじり』（新潮新書）『ITは人を幸せにしない』『勉強ギライな子どもに「勉強の面白さ」を伝える方法』（ワニブックス【PLUS】新書）など、一般向け著書も多数。

発行者　佐藤俊彦
発行所　株式会社ワニ・プラス
〒150-8482
東京都渋谷区恵比寿4-4-9　えびす大黒ビル7F
電話　03-5449-2171（編集）
発売元　株式会社ワニブックス
〒150-8482
東京都渋谷区恵比寿4-4-9　えびす大黒ビル
電話　03-5449-2711（代表）

装丁　橘田浩志（アティック）
　　　柏原宗績
DTP　小田光美（オフィスメイプル）
印刷・製本所　大日本印刷株式会社

ISBN 978-4-8470-6119-6
ワニブックスHP　https://www.wani.co.jp